魯道夫島
Rudolf Island

孤寂島
Ostrow Ujedinenija

熊島
Bear Island

安諾本島
Annobón

n Island

地牙哥加西亞島
Diego Garcia

聖誕島
Christmas Island

南基林群島
South Keeling Islands

聖赫勒拿島
St. Helena

特羅姆林島
Tromelin

阿姆斯特丹島
Amsterdam Island

聖保羅島
Île Saint-Paul

波瑟欣島
Île de la Possession

布威島
Bouvet Island

Beautiful Experience

tone 23

寂寞島嶼 50座你從未也永遠不會踏上的島嶼

Atlas der abgelegenen Inseln

作者／茱迪思‧夏朗斯基 Judith Schalansky
譯者／劉燕芬
責任編輯／陳怡慈
美術設計／何萍萍、林育鋒
出版者／大塊文化出版股份有限公司
台北市10550南京東路四段25號11樓
電子信箱／www.locuspublishing.com
服務專線／0800-006-689
電話／（02）8712-3898
傳真／（02）8712-3897
郵撥帳號／1895-5675
戶名／大塊文化出版股份有限公司

法律顧問／董安丹律師、顧慕堯律師

Atlas der Abgelegenen Inseln by Judith Schalansky
Published by arrangement with Mare Verlag GmbH & Co. OHG
through Andrew Nurnberg Associates International Limited
Complex Chinese translation copyright ©2020 by Locus Publishing Company
All Rights Reserved

總經銷／大和書報圖書股份有限公司
地址／新北市新莊區五工五路2號
電話／（02）8990-2588

二版一刷／2020年6月
定　價／新台幣580元
ISBN／978-986-5406-78-3

Printed in Taiwan

ATLAS DER ABGELEGENEN INSELN

寂寞島嶼

50座你從未也永遠不會踏上的島嶼

Judith Schalansky 茱迪斯・夏朗斯基　著　　劉燕芬──譯

前言

島嶼是天堂,也是地獄 6

北冰洋

孤寂島 18　熊島 20　魯道夫島 22

大西洋

聖基爾達島 26　阿森松島 28　布拉法島 30

安諾本島 32　聖赫勒拿島 34　特林達德島 36　布威島 38

垂斯坦昆哈島 40　南圖勒群島 42

印度洋

聖保羅島 46　南基林群島 48　波瑟欣島 50

地牙哥加西亞島 52　阿姆斯特丹島 54　聖誕島 56　特羅姆林島 58

太平洋

納普卡島 62　小拉帕島 64　魯賓遜克魯索島 66　豪蘭島 68

麥夸利島 70　方加陶法環礁 72　阿賴度島 74　塔翁吉環礁 76

諾福克島 78　普卡普卡島 80　對蹠島 82　弗羅里亞納島 84

巴納巴島 86　坎貝爾島 88　平格拉普島 90　復活節島 92

皮特肯島 94　西米索波克諾伊島 96　克利珀頓島 98

勞爾島 100　索科洛島 102　硫磺島 104　聖喬治島 106

提柯皮亞島 108　帕干島 110　科科島 112　塔庫烏環礁 114

南冰洋

勞里島 118　欺騙島 120

富蘭克林島 122　彼得一世島 124

詞彙表 126　　地名與人名索引 128

島嶼是天堂，也是地獄

　　我是翻著地圖集長大的。身為地圖兒童的我，自然是沒出過國。而班上有個女生，竟如她的兒童護照上所註明的，真的出生於芬蘭赫爾辛基（Helsinki），這對我而言完全是件不可思議的事。赫—爾—辛—基—這四個字就此成為我開啟另一個世界的鑰匙。直到現在，若有德國人告訴我，他們是在奈洛比（Nairobi）或洛杉磯（Los Angeles）等異域出生的，我仍會以驚異的眼光看待他們，甚至有時候還會認為他們不過是在向我吹牛炫耀——哼，乾脆跟我說他們是來自亞特蘭提斯（Atlantis）、圖勒（Thule）[1]或是埃爾多拉多黃金國（El Dorado）吧！是的，我知道奈洛比、洛杉磯確實存在，地圖上找得到。可是真的有人在那裡待過、甚且在那兒出生，我至今仍覺得難以想像。

　　或許，我之所以那麼喜愛地圖集，是因為它們上面的線條、顏色與名字取代了那些我永遠無法造訪的真實地方，儘管如今什麼都變了，可以隨意旅遊世界了，我出生的國家（東德）也隨著那條以往不僅看得到、也感受得到的邊界，從地圖上一起消失了。

　　我已經習慣於用手指在地圖上旅遊、在我父母的客廳裡征服遠方的世界、喃喃細語陌生的名字。我生命中的第一本地圖集名為《通用地圖集》（*Atlas für jedermann*）。就如同其他任何一本地圖集，它很明確地表達了它應有的意識形態：在那幅佔了兩頁版面的世界地圖上，西德與東德巧妙地分居於不同的頁面，那條白亮亮的、無法穿越的摺線取代了兩國間的圍牆、鐵幕。至於西德中小學的地圖集喜歡用虛線描畫東德邊界，表示這只是暫時的狀態，並用一個詭祕的簡稱「SBZ」[2]標示東德，則要等到我後來必須使用一本進口的《狄爾克》（*Diercke*）[3]來背記面積驟增數倍的祖國河川與山脈時，我才知道。

　　從此以後我不再信任那些政治性濃厚的世界地圖。那些各個國家猶如五彩毛巾橫舖在蔚藍海洋上的世界地圖很快就會過時，而且只提供一種資訊：目前是由誰暫管哪塊彩色斑點。

譯註1：古希臘探險家皮提亞斯（Pytheas of Massalia）曾描述過的北方島嶼。確實位置無法考證，後世借之引伸為世界極北之地、世界盡頭或神祕地區。
譯註2：SBZ是Sowjetische Besatzungszone的縮略語，意為「蘇聯佔領區」。
譯註3：自德國教育學家暨地圖學家卡爾・狄爾克（Carl Diercke, 1842－1913）於一八八三年彙編出版第一本供中小學使用的地圖集後，德國中小學（德國分裂時期的東德除外）一直使用狄爾克發行的地圖集當作社會課或地理課的工具書。

相對的，那些未將山川貼上國家標籤、方便我們略去人為界線以觀察自然形態變化的地圖，所能提供的資訊就多多了。在地形圖上，我們可看到陸地從深綠色低地矗升至紅棕色高山或是雪白極地，也能看到大海發出各種青藍色調的光彩──無關人類歷史的演變。

當然，這些地圖也用無情的概括法馴服大自然的野性，簡化了真實地貌的多樣性，以代表性符號替代真實景象，逕自決定幾棵樹算不算樹林，一條蹊徑是否要記錄為小路。地圖上的高速公路因此有不合比例的寬度；一座有百萬人口的城鎮，無論是在德國還是中國，都用同樣的四方形符號標示；一處北極海灣跟一處位於太平洋的海灣盪漾著相同的藍色光彩，因為它們的海一樣深；反之，那些新矗立的冰山，就完全被忽略了。

地圖是既抽象又具體──具有實地測量的客觀性，卻又提供大膽詮釋而成的圖像，而非真實的影像。

地圖上的線條是轉化藝術大師。它們或以冷漠的數學線條姿態，無視山川位置，交錯畫出經緯網目，或以有系統的等高線形式描繪出山岳、谷壑與海洋深度，再用描影法顯示地球形體。

手指在地圖上旅遊也可能被視為引人遐思的舉止，這一點，我是在柏林國家圖書館首度邂逅地圖集在色情界中的對應物──有地貌浮雕的地球儀──之後，才恍然大悟的。在這地球儀上，馬里亞納海溝（Mariana Trench）的凹槽與喜馬拉雅山（Himalaja）的脊峰，正是最令人想入非非的地方。

地球儀當然比地圖符合地球形貌，而且能在青少年房間散發令人嚮往遠遊的氣息。然而，球體造型是巧妙，卻也很棘手。它沒有邊緣可抓握，沒有上下端，沒有起訖點，而且總是有一邊看不到。

反之，地圖上的地球是扁平的、一覽無遺的。早在古代探險家為那些還未探測過的白色區塊描繪出地貌、賦予名稱之前，在世界地圖邊緣仍有怪獸興風作浪之時，就是如此。南半球那塊假想的、名副其實的「未知的南方大陸」（Terra australis incognita）[4] 從地圖上消失後，仍是如此。

要將整個世界攤在一張紙上，是有些技術性問題。而這些問題，很可惜，沒有令人

滿意的解決方法。每種投影法都會使世界變形。不是長度，就是角度，或是面積比例不對。在一幅角度正確的世界地圖上，國家面積的比例可是錯得離譜——第二大洲，非洲（Africa），看起來竟然跟其實只有它十四分之一大的第一大島——格陵蘭島（Greenland）——一樣大。將地球彎曲的表面投影至一張平面時，無論如何都沒辦法兼顧面積、長度與角度的正確性。二度空間的世界地圖是折衷妥協的結果；地圖學是一門介於簡化抽象與寫實美術之間的藝術。最後，不過就是把世界測繪出來，北面朝上，如天神般俯瞰之。號稱客觀的、遵循科學精神講究事實的世界圖像就是這樣完成的。話說回來，這些球極平面投影圖被稱為「世界地圖」，猶如太陽系乃至宇宙都不存在似的，就不怎麼講究事實了。照理說，是該稱為「地球地圖」的，我們也沒把地理學稱為「世界學」啊！

　　數年前，我的印刷學教授給我看了一本她收藏在厚實木櫃裡的巨書。之前我就已看過她蒐集的幾本大書：具歷史性的詩集，各式蝴蝶結、香腸、蛋糕的水彩畫，以及一本可謂早已過時的百科辭典，名為《萬事通》（*Ich sag Dir alles*）。這書名說來也不算誇大其實：在一篇介紹各種流行鬍鬚樣式的圖文之後，是一幅人類下顎結構剖面圖；緊接在各屆基督教大公會議（Ecumenical Councils）[5] 資料之後，則是近代重大刺殺事件表——這些資料可夠開闢一個名為「宗教會議與刺殺事件」的精彩專欄呢。

　　這次她卻拿出一本外覆藍色大理石紋紙的大開本棉紙書，其體積之龐大，使《萬事通》霎時顯得渺小。每一張泛黃的書頁上都布滿幾何圖形——叉號、方格、單虛實線、雙虛實線、三重虛實線，到處都有斜體、裝飾性的稀疏筆墨，其間充斥著縮寫文、箭頭以及各式符號，還有水彩筆觸與最細密的影線。所有描繪地貌的要角，乃至黑白比例尺圖，都在這裡一一上場。有些地方的筆觸略顯生硬，有些頁面卻是完美得猶如機器畫的。那些花俏的大寫標題揭示：這是一位法國地圖學家於一八八七年至一八八九年研習期間所畫的地形圖繪本。

譯註4：未知的南方大陸這個想法是古希臘人提出來的。托勒密（Claudius Ptolemaeus）甚且在他的著作《地理學指南》（*Geographike Hyphegesis*）中闡述這想法。他相信印度洋就位在南方大陸的附近，因為這樣才能與北半球的大陸達成平衡。

譯註5：傳統基督教中有普遍代表意義的世界性主教會議，否審表決重要教務和教理爭端。

在後面的蝴蝶頁間，夾著一張比書頁小一些的紙。上面有一幅島嶼地圖，圖框左下角還用視覺陷阱技巧畫了個紙張摺角，卻沒有比例尺，也沒有說明文字。在這沉默無名的島嶼上，有棕色水彩描繪出的山脊，谷底有一座湖，溪流蜿蜒尋找作者只以藍色的沿岸輪廓線指點的大海。

我猜想，這位地圖學家必須先試畫這座島嶼，練習好後，才准著手描繪洲陸。這時，我才恍然意識到，島嶼如同迷你小洲，洲陸則形同特大號的島嶼。這塊輪廓明確的陸地雖十分完整，卻同這張未被裝訂成書的紙片一起被遺落了。我們看不到它與大陸之間的關係。它周遭的世界全然沉寂無形。我沒看過比它更孤單的島嶼。

事實上，的確是有些島嶼與其本土大陸相距太遠，而無法繪置於它們的國家地圖上。這時候，它們通常會被直接省略掉，或從地圖學家那兒得到一張邊桌──被圈放在一個小格子裡，流放到地圖邊緣，雖有附上比例尺，卻沒有實際位置的說明。它們就這樣被貶為本土大陸的註腳；從某些角度看來是有些可憐，卻又比那塊較受重視的洲陸有趣。

一座島嶼，例如→復活節島（92），偏僻與否，端視觀看角度而定。當地居民大拉帕島民（Rapa Nui），稱他們的家鄉為「世界軸心」（Te Pit o Te Henua）。在沒有終點的球體上，每個地方都能當作中心點。

對它的本土大陸而言，這座布滿活火山與死火山的島嶼算是位處偏僻。然而，正因為得行駛數星期的船才能觸及下一塊陸地，這座島嶼成為大陸居民心中的夢土。四面環水的陸地成為實驗烏托邦社會的理想地，亦即人間天堂的化身：十九世紀期間，七個氏族進駐位於南大西洋的→垂斯坦昆哈島（40），其中來自蘇格蘭的威廉·葛拉斯（William Glass）擔任了這個微型社會的大家長。對文明與世界經濟圈感到厭倦的柏林牙醫李特博士（Dr. Ritter），於一九二九年隱居到加拉巴哥群島（Galápagos Islands）中的一座島嶼→弗羅里亞納島（84），拋棄一切多餘累贅的事物──包括衣服。美國作家羅伯特·狄恩·弗瑞斯比（Robert Dean Frisbie）則於一九二〇年代搬到一座位於太平洋的珊瑚環礁→普卡普卡島（80），在那兒──依循南洋文學的經典題材──見識非比尋常、令人羨慕的隨心所欲的生活方式。這些島嶼顯然還保有自我，仍處於無拘無束的原始狀態，猶如人類墮落之前的天堂，不識羞恥為何物，但無可厚非。

　　來自美國加州的水手喬治・修・班寧（George Hugh Banning）也是全然無法抗拒這類寂寞島嶼的魅力。他在二十世紀初航行於太平洋時，內心竟隱隱渴望船隻遇難：在哪裡都無所謂，「只要是被上帝遺棄、四面環水的地方都好。」然而他運氣不佳、希望幻滅地發現：「我們只在『有趣的』島嶼如歐胡島（O'ahu）、大溪地（Tahiti）上岸；在那兒，口香糖包裝紙與美式餐廳幾乎跟香蕉皮及棕櫚樹梢的風聲一樣多。」

　　後來他有幸參與一項探險行動，搭乘最早期的柴油電動引擎快艇前往墨西哥海域。他們的目的地是下加利福尼亞半島（Baja California peninsula）南方的島嶼（→索科洛島（102）），那些他很確定幾乎沒人去過的島嶼，因為那裡據說「沒什麼」。出發前，有人問他那裡有什麼值得搜索的，他回答：「沒什麼，沒什麼，這正是它的美妙之處。」

　　在四處遠征的國家瓜分完植被與自然資源豐富的世界之後，也是這奧妙的「沒什麼」的吸引力，將探險家誘至永恆的冰天雪地（→魯道夫島（22）），在極地上尋找字面上的「沒什麼」。

　　在南冰洋上，尚無人登陸過的→彼得一世島（124），對人類致力於留下痕跡、甚且藉此在歷史上留下一筆紀錄的慾望而言，意味著無法忍受的恥辱。三隊探險家沒能征服這座幾乎完全結冰的島嶼。一九二九年——在人類發現這座島嶼一百零八年後，才有人首度成功登陸。直至一九九〇年代，去過月球的人還比踏上這座島嶼的人多。

　　有很多偏僻的島嶼特別難以征服。通往它們的路途既遙遠又辛苦，嘗試登陸時得冒著生命危險，或甚至根本不可能上得了岸；即使成功上岸，也常會發現那塊企盼已久的陸地竟顯得單調乏味、毫無價值——儘管未嘗沒有預感。遠征報告的描述通常大同小異。查爾斯・維爾克斯中尉（Lieutenant Charles Wilkes）[6] 記載道：「→麥夸利島（70）沒有什麼能引發探訪之慾。這座島嶼是你所能想像到最悲慘的強制流放地。」安納多・布凱德拉格里（Anatole Bouquet de la Grye）[7] 單是看著→坎貝爾島（88）就會傷感驟生。就連喜愛孤寂島嶼

譯註6：美國海軍軍官暨探險家（1798－1877）。
譯註7：法國水利工程師（1827－1909）。

的喬治·修·班寧也說：「→索科洛島（102）看起來真的很淒涼。它猶如已經燒了一半、被雨澆熄、再也無力重新燃起的枯草堆，靜坐於一灘墨水中。」

　　瘋狂荒謬的付出，結果常是得不償失；這類行動大都一開始就已註定失敗。一八七四年，法國科學院（Académie des sciences）曾派兩組探險隊帶著昂貴的裝備前往世界的另一端，要他們在→坎貝爾島（88）觀察金星凌日——罕見的天文現象，最後卻被大片烏雲遮掩而無從窺探。

　　為了紓解失敗的挫折感，這些科學家花費大把時間測量島嶼的每個角落、搜尋當地特有物種樣品，用這些資料列表膨脹遠征報告書的附錄。

　　對經驗科學研究而言，每座島嶼都是一座寶山，都是大自然的實驗室。在這裡，終於可以不用費心隔離研究對象；至少在當地的動植物被入侵動物滅絕之前，在當地居民全被外來疾病害死之前，其實際狀況是隨時可見、可計量的。

　　不少偏僻島嶼會使稀有訪客上岸後心生恐慌：望著顯然有限的空間，唯恐被遺留在這孤寂島嶼終老的不安思緒會逕自竄升。

　　黑色礁嶼→聖赫勒拿島（34）成為拿破崙（Napoléon）的流放、死亡之島。翠綠的→諾福克島（78），繁茂如仙境，卻成為最令人畏懼的大英帝國流放囚犯的殖民地。對遭遇「實惠號」（L'Utile）船難的奴隸而言，→特羅姆林島（58）起初確實如上帝賜與的重生地，卻又過沒多久，就讓他們在這面積不足一平方公里的彈丸之地淪入求生之戰。

　　偏僻島嶼是天然的牢房——四面八方是單調、無法攀越的海牆，而猶如臍帶連結母國與海外殖民地的經貿路線又距之甚遠——適於成為所有不受歡迎的、被驅逐的、犯錯人士的聚集地。

　　這些地區的封閉性能使某些可怕疾病毫不受阻地爆發，讓某些詭異習俗延續不絕，例如→聖基爾達島（26）匪夷所思的嬰兒高死亡率，以及→提柯皮亞島（108）強迫弒嬰的可怕習俗。強暴（→克利珀頓島（98））、謀殺（→弗羅里亞納島（84））與食人（→聖保羅島（46））這類罪行，似乎是登上這樣一座島嶼時必定會碰上的。而→皮特肯島（94）的性侵害醜聞更顯示了：有些地區至今仍保有一些違反我們人權認知的律法。皮特肯島上的居

民都是英國「邦蒂號」（Bounty）的叛變船員和大溪地人的後裔。二〇〇四年，島上半數的成年男性因數十年持續強暴婦女與孩子而被定罪。在庭上辯護時，這些被告引用了有百年歷史的習慣法來為自己脫罪：他們的祖先當年就已習於跟未成年的大溪地女童發生性關係。島嶼，有可能是天堂，也可能是地獄。

只有在極罕見的例子中，寧靜悠閒才是在一塊小得一覽無遺的土地上生活的寫照。小島淪於個人恐怖統治的例子，比實現烏托邦平等社會的例子多得多。島嶼是等著臣服的天然殖民地：這種認知讓一名墨西哥籍的燈塔守衛在→克利珀頓島（98）自立為王，讓一名奧地利籍女騙子在→弗羅里亞納島（84）自命為加拉巴哥群島女王。

這些迷你小洲變成微型世界，可以在此避開世人耳目地進行違反國際法的勾當（→地牙哥加西亞島（52））、點燃氫彈（→方加陶法環礁（72））、掀起生態災難（→復活節島（92））。

在地球邊緣沒有誘人的伊甸樂園；但有遠游至此，在辛苦探險中從地圖上驅除怪物，讓自己取而代之化身為怪物的人類。

偏偏這類恐怖事件最容易成為眾所矚目的故事，而島嶼又是這類故事的最佳發生地點。現實生活中的荒謬現象從廣袤陸地隱遁，卻在這兒毫無遮掩地顯現。島嶼是個劇場空間：所有發生於此的事件，幾乎無可避免地都會被濃縮成為故事、成為室內劇、成為文學素材。這類傳述故事有個特點：你再也無法分辨哪些部分是真實的，哪些部分是虛構的；真實元素被虛幻化，虛幻元素則被真實化。

單是發現以前沒見過的陸塊就能大受讚揚，彷彿這是創造性的成就，彷彿他們不只是發現、根本是發明了新世界。在此，地理命名扮演了很重要的角色──彷彿有了這名字，那地方才存在。如同洗禮，發現者與被發現者之間的結合在此被確認，這塊原本無主的陸地有了合法的主人──即使發現者當初只是從遠處看到它，即使它早就有居民、早就有名字。

Scribere necesse est, vivere non est──有寫下來的，才算真的發生過[8]。這句話適用於所有成就。所以，把旗子插到土地上的國家，紛紛努力以各式資訊伸張其國家的所有權：

計算該地的座標，繪製該地地圖，發布以其語言命名的地理名稱。挪威繪製→彼得一世島（124）唯一的最新地圖，就是為了強調它的所有權——儘管南極條約（Antarctic Treaty System）早已凍結了任何領土所有權的主張。

發現新陸塊後的首要之務是繪製地圖，新的名字代表該陸塊的誕生。他們在地圖上重覆其征服行動，二度佔領這塊陌生的土地。唯有確實定位、詳細測量過後，這一切才真實。每一張地圖都是殖民勢力的施行與成果。

島嶼地圖與島嶼陸塊本身，有時也會合而為一，再也無法分割。奧古斯特・葛斯勒（August Gissler）的故事讓我們見識到這一點。十九世紀末，驅使他在→科科島（112）挖掘了數年的藏寶圖，最後成了他所尋黃金的替代品。地圖的承諾終究比未尋得的寶藏有價值。促使羅伯特・路易斯・史蒂文森（Robert Louis Stevenson）寫出他的冒險小說的，是一張自繪的島嶼地圖：「這島嶼的形狀激發出我無法形容的奇想。那些港口帶給我的喜悅，不下於十四行詩。冥冥中已註定似地，我下意識就把這張作品標為『金銀島』。」

另一本小說書名則不僅被寫入文學辭典，也被寫到大西洋上。為了吸引觀光客，智利於一九七〇年將隸屬斐南得群島（Archipiélago Juan Fernández）的一座小島更名。亞歷山大・塞爾科克（Alexander Selkirk）在這座原本名為「較接近大陸」（Más a Tierra）的小島上成為《魯賓遜漂流記》（Robinson Crusoe）故事的先驅。這座小島因此被改冠上以文學形式重返此地的水手的名字，成為→魯賓遜克魯索島（66）。為了成全這錯亂，位於此島西方一百六十公里外的「較外圍」（Más Afuera）小島，改稱亞歷山大塞爾科克島（Isla Alejandro Selkirk）——儘管他從未來過這兒。

地圖上沒有那條極其單調的地平線，一日又一日地切斷島嶼視野，不知何時能天降奇蹟似地拱出一艘企盼已久、帶來糧食或返鄉希望的朦朧船影。

有些地理名字承載著發現者的憤恨心情——只因被發現的陸地與其期望不符。就是這樣的心態，讓斐迪南・麥哲倫[9]（Ferdinand Magellan）與約翰・拜倫（John Byron）分別於

譯註8：這句話是作者改寫自古羅馬政治家龐培（Gnaeus Pompeius Magnus）激勵其船員的話：「Navigare necesse est, vivere non est necesse」，意為：我們不一定要活下去，但我們一定得出航。

一五二一年以及一七六五年將隸屬土木土群島（Tuamotu des Archipelago）的數座珊瑚環礁命名為失望島。前者是因為他在這些乾燥的小島上既找不到急需的飲用水、也找不到食物；後者則是因為島嶼居民出乎他意料地對他懷有敵意。有些名字則讓人聯想到神話或童話：斯堤克斯河（Styx）[10]流過→波瑟欣島（50）；→垂斯坦昆哈島（40）的首府名叫七海愛丁堡（Edinburgh of the Seven Seas），但當地人卻一律叫它「聚落」（The Settlement）——它畢竟是方圓兩千四百公里內唯一的一處聚落！

　　地理名稱尤其能反映居民——無論是定居，或如我於此書所述，只是短期居留於這些偏僻島嶼——的心願與慾望。→阿姆斯特丹島（54）駐紮區中有一處海岬名為「處女」，有兩座火山被稱為「乳房」，有個火山口的官方名稱是「維納斯」（Venus）。這個島嶼的山川，說穿了，竟變成了美女圖與香豔替代品。這座島嶼儼然成為兼具真實形貌與隱喻化身的地方。

　　地圖學實在應該歸納至詩歌體裁類，而地圖集本身就是美麗的文學作品。它最早的名稱《世界劇場》（*Theatrum Orbis Terrarum*）[11]，實在是再恰當不過了。

　　翻閱地圖，雖能撫平——這舉動所勾引的——遠遊慾望，甚至取代旅遊行動，卻是懷著超乎移情作用的心緒。打開地圖集的人，不會滿足於零星造訪幾個充滿異國風味的地方，而是貪婪地一次就要整個世界。這種慾望總是很強烈，比到達嚮往之地所得到的滿足感還強烈。地圖集與旅遊嚮導，我至今仍舊偏好前者。

譯註9：葡萄牙人，為西班牙政府效力探險。一五一九至一五二一年率領船隊首次環航地球。

譯註10：希臘語：Στυξ，字面意思為「仇恨的」。在希臘神話中，斯堤克斯是提坦神（Titan）之一；斯堤克斯河是環繞冥土的九條冥河之一。

譯註11：亞伯拉罕・奧特琉斯（Abraham Ortelius, 1527－1598）於一五七〇年首度印製發行的地圖集冊，被視為當代第一本地圖集。

北冰洋 *Arctic Ocean*

熊島
Bear Island

魯道
Rudolf

孤寂島
Ujedinenija

北緯77° 29'
東經82° 30'

北冰洋 | 喀拉海

孤寂島（俄國）

挪威語：Ensomheden | 俄語：Ostrow Ujedinenija（遁世島）
20平方公里 | 無居民

300公里
----/-/→新地島（Novaya Zemlya）

330公里
----/-/→北地群島（Severnaya Zemlya）

660公里
----/----/---/→魯道夫島（22）

艾德華・何姆・約翰尼森（Edvard Holm Johannesen）[1]於1878年8月26日發現此島

1500　　　1600　　　1700　　　1800　　　1900　　　2000

1930年代初期發現蛇頸龍（Plesiosauria）的頸椎骨

孤寂島位於北極海，在喀拉海（Kara Sea）正中央。這座島嶼是真正名副其實：荒涼、酷寒，隆冬時節被浮冰拘禁，全年平均溫度攝氏零下十六度，仲夏日偶爾會突破零度。// 這裡沒住人。一座老觀測站深陷冰雪中，廢棄建築物沉睡於海灣腹地，面向冰凍沼澤後方的平緩沙嘴。// 一隻太古時期的恐龍頸椎骨在此出土。數年後，一艘納粹德國海軍潛艇以榴彈攻擊氣象站、摧毀棚屋、殺死所有駐島人員——「仙境行動」（Unternehmen Wunderland）[2]指揮部所下達的最後幾項指令之一，就是將砲火瞄向孤寂島。// 蘇聯於冷戰時期重建了這座它們最大的極地觀測站之一。來自特羅姆瑟（Tromsø）[3]的船長賦予此塊陸地的名字已被忘卻。這座孤寂的島嶼被俄國人稱為遁世島。它的訪客不再是囚犯，而是隱士；在這座冰漠沉默服刑數年，直到能以聖人的身分歸返本土大陸。// 剩餘糗糧堆放在綠色平板屋裡，已結成冰塊，氣壓計、溫度計、風向標、日射計、雲高計等測量儀器也是。雨雪量計的承水雪器掩埋在雪裡。有棕櫚圖案的牆壁上，掛著一幅列寧（Lenin）留著山羊鬍的相片。日誌裡詳實記錄著主要機械師的維修工作：每台機器的潤滑油量與燃油量。最後一項紀錄用紅筆寫到欄位外了：「一九九六年十一月二十三日。今日接獲撤離命令。水放掉了，柴油發電機關掉了。此站……」最後幾字無法辨識。歡迎光臨孤寂島。

譯註1：挪威航海家暨探險家。
譯註2：英文譯為Operation Wunderland，是納粹德國海軍攻擊行經北方海路（Northern Sea Route）的蘇聯商船的戰略行動；主要目的是阻擾蘇聯分別自美國及遠東輸入武裝材料與自然資源。
譯註3：挪威北部最大的城鎮。

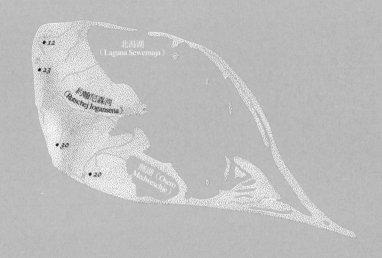

北緯 74° 26'
東經 19° 3'

北冰洋｜巴倫支海[1]

熊島 斯匹茲卑爾根島（挪威）

挪威文：Bjørnøya｜英文：Bear Island
178平方公里｜9名短期居民

220公里
----/→斯匹茲卑爾根島（Spitzbergen）

390公里
----/--/→挪威（Norway）

　　　　　　　　　　　1000　　　　　　2000　2160公里
----/----/----/----/----/----/----/----/---/→聖基爾達島（26）

威廉·巴倫支（Willem Barents）與雅各布·范赫姆斯科克（Jacob van Heemskerk）[2]
於1596年6月10日發現此島　　　　　　　　　　　　　　　　　1920年被挪威併吞

1500　　　　　1600　　　　　1700　　　　　1800　　　　　1900　　　　　2000
--/----/--|--/----/----/----/----/----/----/----/----|---/----/----/--

1898年被泰奧多爾·雷納（Theodor Lerner）[3]納入德意志帝國版圖

在氣壓頗高的昏沉天候中，他們於一九〇八年六月三十日凌晨兩點抵達熊島南方港口。「鴕鳥號」（Strauß）汽船上有七名愛鳥人士，四名標本製作員與一名槍械技師。禽鳥保護系統發明人漢斯·馮貝爾萊普施男爵（Hans Freiherr von Berlepsch）站在甲板上，脖子上掛著望遠鏡，戴著自腓特烈一世（紅鬍子）（Friedrich I Barbarossa）[4]允許後畫了五隻鸚鵡的家族徽章。他屏氣凝神地聆聽黑暗中的聲響，傾聽那些之前只在書本見過的鳥類的孵育歌聲。∥ 早上他們就從船上射殺了幾隻油鷗和海鴨，一隻象牙鷗幼鳥以及一隻大黑背鷗成年鳥。一群群破殼而出的北極鷗在海灘上跑來跑去。這些禽鳥的朋友抓了一把還披著灰色絨毛的雛鳥帶上船：兩隻要養大，其他的要宰殺、剝皮。在嵌著巢窠的岩石上，有海雀在虎視眈眈。∥ 有人捕殺了一隻小黑背鷗，仔細觀察後才發現，其實是隻體格小了些的銀鷗。另有人成功計誘了一隻紅喉潛鳥。他們在內陸發現一隻長頸賊鷗，甚至在冰海上看到黑海番鴨。在一條小溪巨礫上，他們射殺了一隻環頸鴴。一對雪鵐萬分緊張地在他們上方振翅盤旋，洩漏了牠們的巢窠位置；可惜還是空的。有一對專吃白食的賊鷗也怕他們發現牠們的窩，而嘗試以飛行特技表演來引開他們的注意力。結果他們在一處苔蘚凹地中找到蛋——披著橄欖綠的偽裝外衣，伴有陰暗的小圈套。這位喜愛禽鳥的男爵收集了四個全滿、一個半滿的鳥巢，用手帕包覆，帶回船上。其他先生則在上千隻的海鴨之間看到了他們極目搜尋的刀嘴海雀。槍聲響起，一隻有豐滿豔麗羽翅的樣品掉到水面上，死了。證據拿到了：這種鳥也出現在熊島上。這些禽鳥的朋友很滿意。他們在鑑賞自己的獵物時，一群北極鷗正在海灘爭食一頭鯨魚屍首殘骸。

譯註1：英文為Barents Sea。
譯註2：兩者皆為荷蘭航海家。
譯註3：德國記者暨極地探險家。
譯註4：神聖羅馬帝國皇帝（一一五五年加冕），也是德意志的士瓦本公爵（Herzog von Schwaben，一一四七年起）和義大利國王。

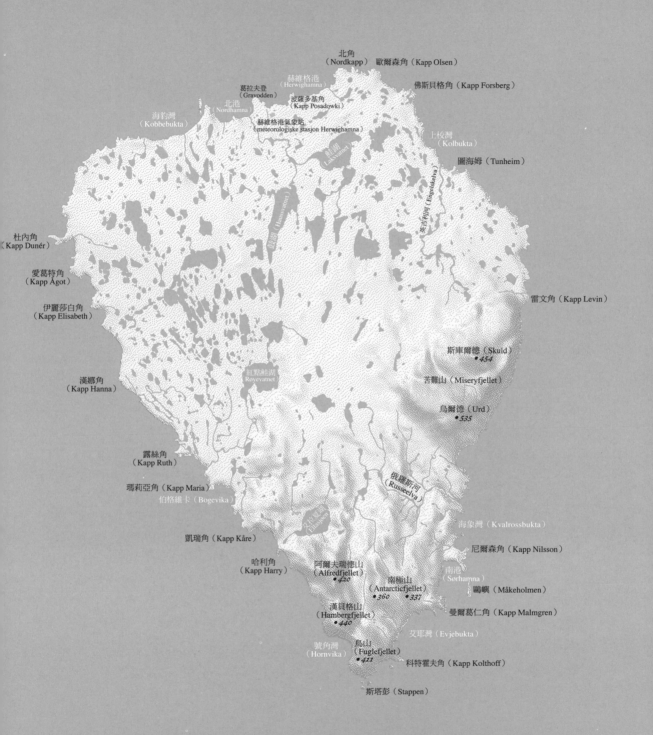

北角
（Nordkapp） 歐爾森角（Kapp Olsen）

赫維格港
（Herwighamna） 佛斯貝格角（Kapp Forsberg）

葛拉夫登
（Gravodden）
波薩多基角
北港 （Kapp Posadowki）
（Nordhamna）
海豹灣 赫維格港氣象站
（Kobbebukta） （meteorologiske stasjon Herwighamna）

上校灣
（Kolbukta）

圖海姆（Tunheim）

鹹湖
Laksvatnet

克里湖（Husvatnet）

英吉利河（Engelskelva）

杜內角
（Kapp Dunér）

愛葛特角
（Kapp Ågot）

雷文角（Kapp Levin）

伊麗莎白角
（Kapp Elisabeth）

斯庫爾德（Skuld）
•454

苦難山（Miseryfjellet）

漢娜角
（Kapp Hanna）

紅點鮭湖
Røyevatnet

烏爾德（Urd）
•535

露絲角
（Kapp Ruth）

瑪莉亞角（Kapp Maria）
伯格維卡（Bogevika）

俄羅斯河
（Russeelva）

凱瑞角（Kapp Kåre）

海象灣（Kvalrossbukta）
尼爾森角（Kapp Nilsson）

哈利角
（Kapp Harry）

阿爾夫瑞德山
（Alfredfjellet）
•420

南港
（Sørhamna）

南極山
（Antarcticfjellet）
•360 •337

鷗嶼（Måkeholmen）

漢貝格山
（Hambergfjellet）
•440

曼爾葛仁角（Kapp Malmgren）

艾耶灣（Evjebukta）

號角灣
（Hornvika）

鳥山
（Fuglefjellet）
•411

科特霍夫角（Kapp Kolthoff）

斯塔彭（Stappen）

北冰洋

北緯81°46'
東經58°56'

魯道夫島 法蘭士約瑟蘭[1]（俄國）

德文：Rudolf-Insel 亦稱：Kronprinz-Rudolf-Land（魯道夫儲君地）｜俄語：Ostrow Rudolfa
297平方公里｜無居民

560公里
----/----/-/--→北地群島（Severnaya Zemlya）
590公里
----/----/-/--→斯匹茲卑爾根島（Spitzbergen）
1000 1170公里
----/----/-/--/--→熊島（20）

1874年4月，尤里兀斯·馮派爾（Julius von Payer）與卡爾·衛普瑞赫特（Carl Weyprecht）於奧匈帝國北極探險行動中，發現此島

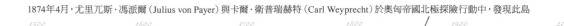

1500　　　　1600　　　　1700　　　　1800　　　　1900　　　　2000
-/----/----/----/----/----/----/----/----/----/----/----/----/-

雪橇在零下五十度低溫中向北前進。三十磅的熊肉要帶到下一個緯度去。雪橇犬滲血的腳爪給白雪染上紅印。閃耀的冰山在太陽下咯吱咯吱響。這裡的大自然就同地圖所畫的一樣貧乏、赤裸、蒼白。空白之地變得很稀罕了；最後幾塊正在地球邊緣等著它們的標記：無人之地以及無東西南北之點。那個沉默的點——只有羅盤能定位之點——還沒到，極地之謎仍未解：大海能暢行無阻的夢，被墨西哥灣暖流加溫的夢，可航行水道之夢，一條通往印度的白色路徑之夢。// 他們棄置雪橇，睡在冰河縫間，徒步繼續往北移動。走在最前面的是尤里兀斯·馮派爾（Julius von Payer）上尉——曾率先登上三十餘座阿爾卑斯山峰，是本次探險行動的陸上指揮官。不過這裡並非大陸；儘管他秉持給這整個新發現群島的命名慣例給了它一個大陸名稱，也無法改變它只是另一座島嶼的事實。他從未遇過沒有名字可用的窘境：他不斷以少年時期所傾慕的少女的出生地、恩人、同事、哈布斯堡（Habsburg）皇室大公以及茜茜公主（Elisabeth Amalie Eugenie）兒子的名字為島嶼、冰河、海角命名。他把家鄉轉移到冰上：以祖國名義，賦予此島國君之名。// 羅盤發出訊息：他們已越過北緯八十二度——又一條在雪上看不見，但被上尉載入他喑啞地圖上的線。夜晚時分，他們抵達儲君地的邊緣。眼前沒有可讓船隻通行的海，只有一處遼闊的空曠水面，被日積月累的冰塊包圍著。雲山在地平線上閃閃發亮。// 最後一次，上尉在紙上畫了幾條線：費爾德角（Kap Felder）、雪勒德歐斯本角（Kap Sherard-Osborn[2]）以及彼德曼地（Petermann[3]-Land）的南端尖角。他們將奧匈帝國旗幟錘入岩石，將瓶中信丟到海面下的礁岩上——結凍的字語，給後人的見證訊息：「弗里格里角（Kap Fligeli[4]）。一八七四年四月十二日。北緯82°5'。最北端。至此為止。」

譯註1：英文為Franz Josef Land。
譯註2：雪勒德·歐斯本（Sherard Osborn,1822－1875）是英國皇家海軍上將暨北極探險家。
譯註3：奧古斯特·彼德曼（August Petermann,1822－1878）是十九世紀著名的德國地理學家暨地圖學家。
譯註4：奧古斯特·馮·弗里格里（August von Fligely,1810－1879）是奧地利陸軍中將，也是著名地圖學家、子午線測量理論的先驅。

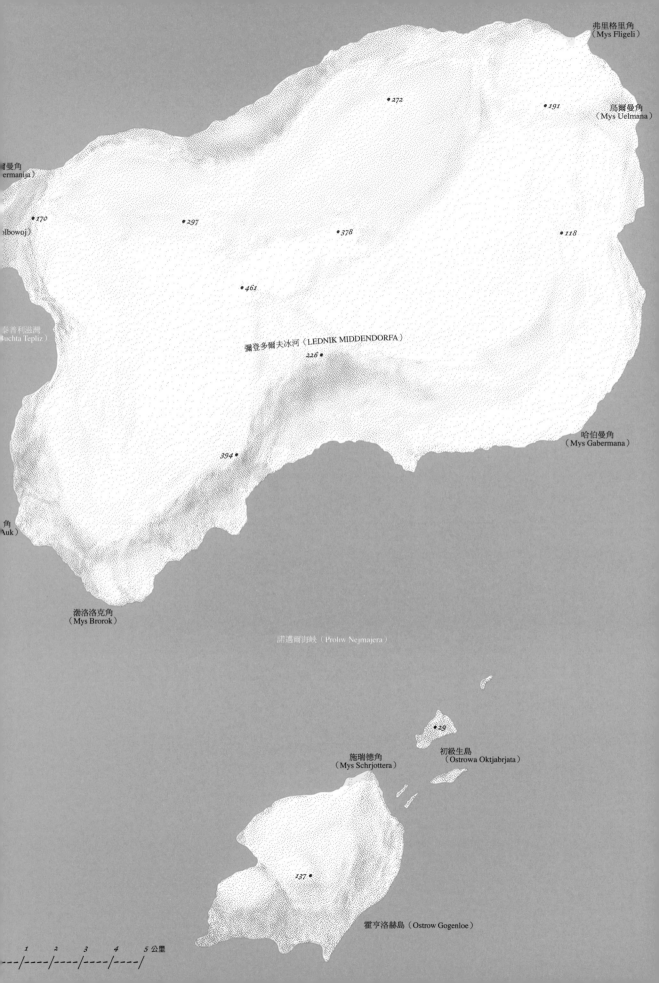

弗里格里角
（Mys Fligeli）

• 272

• 191

烏爾曼角
（Mys Uelmana）

爾曼角
ermanija）

•170
olbowoj）

• 297

• 378

• 118

• 461

泰普利茲灣
uchta Tepliz）

彌登多爾夫冰河（LEDNIK MIDDENDORFA）

226 •

哈伯曼角
（Mys Gabermana）

角
Auk）

394 •

渤洛洛克角
（Mys Brorok）

諾邁爾海峽（Proliw Nejmajera）

• 29

施瑞德角
（Mys Schrjottera）

初級生島
（Ostrowa Oktjabrjata）

137 •

霍亨洛赫島（Ostrow Gogenloe）

1   2   3   4   5 公里

大西洋 *Atlantic Ocean*

布拉法島
Brava

阿
Ascensior

特林達德島
Trindade

垂斯坦昆哈島
Tristan da Cunh

南圖勒群島
Southern Thule

阿達島
Ida

安諾本島
Annobón

聖赫勒拿島
St. Helena

布威島
Bouvetøya

大西洋
聖基爾達島（英國）

英文：St. Kilda｜蓋爾語：Hiort（希爾特）或Hirta（希爾塔）
8.5平方公里｜無居民

60公里
┤→外赫布里底群島（Outer Hebrides）

160公里
╌┤→蘇格蘭大陸（Scotland）

1000　　2000　　3000　　4000　　4940公里
‥→布拉法島（30）

1850年代大量移民至澳大利亞（Australia）　　1930年撤離所有居民

1500　　1600　　1700　　1800　　1900　　2000

1826—1827年間爆發天花瘟疫　　1891年出現最後一起新生兒破傷風的案例

聖基爾達，你並不存在。你的名字不過是那些禽鳥居民口齒不清的叫聲。牠們住在英國沿海峭壁上；僅除了外赫布里底群島（Outer Hebrides）的峭壁。有東北風的助力時，牠們才敢嘗試往那裡飛。∥唯一的村落只有十六間小屋、三棟房子和一座教堂。墓園裡躺著這座島嶼的未來：剛出生時，孩子都很健康。第四、第五或第六個晚上，大部分的孩子都停止吸奶。第七天，口顎痙攣、咽頭腫脹，無法吞嚥任何東西。肌肉強自顫動，下巴垂落。他們眼光呆滯，呵欠連天。咧開的嘴唇狀似譏諷假笑。第七至第九天之間，三分之二的新生兒死去——男嬰比女嬰多。有的早一些，有的晚一些，有的第四天就離開人間，有的等到第二十二天才告別。∥有些人說，這是食物造成的：暴雪鸌油膩的肉與牠們有麝香味的蛋，雖會使人的皮膚光潤，卻會讓母奶有苦味。另有些人說，是他們近親通婚使下一代的血液出了問題。又有其他人認為，那些孩子是被在房間裡燃燒的泥炭所產生的有毒物質嗆死的；或許，元凶是屋頂所含的鋅，也有可能是那些淡粉紅色的燈油害的。原住民咕噥：這是萬能的神所發出的預告。這些都是虔誠男人所說的。可是女人……那麼多女人懷孕，那這麼少孩子能躲過八日病的摧殘。∥一八七六年六月二十二日一名女子站在甲板上；這艘船要帶她回家。跟聖基爾達島的其他女人一樣，她有細嫩的皮膚、紅潤的雙頰、特別明亮的眼睛、如初生象牙的貝齒。她剛產下一子，但不是在家生的。東北風徐徐吹來。岸上的人們根本還看不到她，她就將她的新生兒高舉到略帶鹹味的天空中。

武士岩嶼（Stac an Armin）

島峰（Mullach an Eilein）
379

灰岩嶼（Stac Lee）

伯勒瑞島（Boreray）

安普拉斯戴爾島
（Am Plasdair）

梭艾岩嶼
（Stac Soay）

葛蘭灣
Glen Bay

梭艾（Soay）

430

窚納卡爾（Conachair）

柱峰
（Mullach Bi）
355

村灣
（Village Bay）

希爾塔島
（Hirta）

堡嶼（Dùn）

堡嶼喉
（Gob an Dùin）

雷文尼須岩嶼（Stac Levenish）

1 2 3 4 5公里
|___/____/____/____/____|

大西洋

阿森松島（英國）

葡萄牙文：Assunção｜英文：Ascension Island
91平方公里｜1100名短期居民

	1560公里
1000	→象牙海岸（Côte d'Ivoire）

1000	2000	2250公里
		→巴西（Brazil）

1000	2000	2110公里
		→特林達德島（36）

阿方索・德阿爾布克爾克（Afonso de Albuquerque）[2]於1503年5月20日耶穌升天節當天再次發現此島

1960—1961年間建立火箭監控基地

朱昂・達諾瓦（João da Nova）[1]於1501年3月25日發現此島

1899年12月15日架設第一條跨海電纜

所有東西都往天空伸展：四十四座鏽紅火山錐沉睡的開口、數公尺高的天線以及龐大的雷達碟盤。它們竊聽洲陸、世界、宇宙、無限空間的所有聲音。一個冷卻熔岩構成的地方，跟月球一樣荒涼。白色的聖瑪莉教堂（St. Mary）站在灰塵瀰漫的十字丘（Cross Hill）底下，猶如大審判（Last Judgment）後的最後一座上帝堡壘。//沒有人定居在阿森松島過活，大家都是來工作的，沒有人會被允許居留於此。這塊貧瘠的陸地是非賣品。它是一座純供電信技師與間諜工作的島嶼，也是那些在大西洋海底連接地球區塊的電纜的中繼站。美國太空總署（NASA）伸展它的觸角，在此建立一座洲際火箭觀測站，並於整塊陸地散置白得發亮的衛星天線，像超大號的高爾夫球夾在火山口邊緣。//一九六○年一月二十二日，擎天神（Atlas）火箭自佛羅里達（Florida）飛向外太空，卻在離阿森松島不遠處又返回大氣層。大東電報局（Cable & Wireless）的技術員理察・艾力爾（Richard Aria）屏息觀察紅丘（Red Hill）[3]上方的天空。沒什麼。上面只掛著一閃一閃的大杓子[4]，不過在這兒是上下顛倒。過了半個小時──還是沒什麼。忽然亮出兩點綠色閃光。那是它！火箭以耀眼的光彩衝向地球，照亮整座島嶼──先是綠色，接著是黃色、紅色、橘色，然後又是綠色──一直往下，直到熄滅。火紅閃爍的機身碎片如雨墜下，燃燒的機頭在海中發出多變的色彩：淡紅色、紅色、暗紅色，然後，一片漆黑，但聞一綿長、深沉的轟鳴自海底升起，隨之是震耳欲聾的爆炸與轟隆聲，至少一分半鐘之久。之後又是萬籟俱寂。直到一名美國人宏亮的聲音倏忽畫破深夜：「我們會成功給你們看的，你們這些俄國佬！」衝向外太空的競賽在「升天島」[5]鳴槍開跑。

譯註1：年幼就移居葡萄牙的西班牙探險家，西班牙文為Juan de Nova。
譯註2：有「東方凱撒」、「海上雄獅」和「葡萄牙戰神」之稱。
譯註3：位於西南灣（South West Bay）鄰近。
譯註4：指北斗七星；在南半球夜空與在北半球星空中的模樣有異。
譯註5：阿森松島的德文譯名是Himmelfahrtsinsel（升天島）。

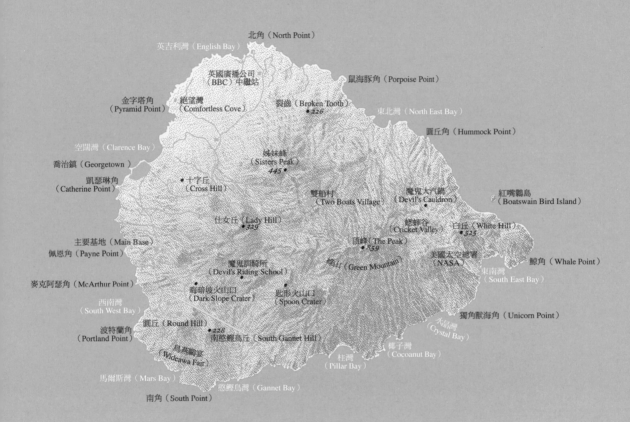

北角（North Point）

英吉利灣（English Bay）

英國廣播公司
（BBC）中繼站

鼠海豚角（Porpoise Point）

金字塔角
（Pyramid Point）

絕望灣
（Comfortless Cove）

裂齒（Broken Tooth）
●226

東北灣（North East Bay）

圓丘角（Hummock Point）

空闊灣（Clarence Bay）

喬治鎮（Georgetown）

凱瑟琳角
（Catherine Point）

十字丘
（Cross Hill）

姊妹峰
（Sisters Peak）
445

雙船村
（Two Boats Village）

魔鬼大汽鍋
（Devil's Cauldron）

紅嘴鸏島
（Boatswain Bird Island）

仕女丘（Lady Hill）
329

蟋蟀谷
（Cricket Valley）

白丘（White Hill）
●535

主要基地（Main Base）

頂峰（The Peak）
859

佩恩角（Payne Point）

嶺山（Green Mountain）

美國太空總署
（NASA）

鯨角（Whale Point）

麥克阿瑟角（McArthur Point）

魔鬼馴騎所
（Devil's Riding School）

東南灣
（South East Bay）

西南灣
（South West Bay）

晦暗坡火山口
（Dark Slope Crater）

匙形火山口
（Spoon Crater）

獨角獸海角（Unicorn Point）

波特蘭角
（Portland Point）

圓丘（Round Hill）

水晶灣
（Crystal Bay）

婚燕爾宴
（Wideawa Fair）

南鰹鳥丘（South Gannet Hill）
●228

椰子灣
（Cocoanut Bay）

馬爾斯灣（Mars Bay）

柱灣
（Pillar Bay）

鰹鳥灣（Gannet Bay）

南角（South Point）

1　　2　　3　　4　　5公里

|---|----|----|----|----|

大西洋

布拉法島 背風群島¹ （維德角群島）²

葡萄牙文：Brava（桀驁不馴）

64平方公里 ｜ 6804名居民

20公里
├→火島（Fogo）

780公里
├----/----/----├→達喀爾（Dakar）

           1000   *2000*   2760公里
├----/----/----/----/----/----/----├→阿森松島（28）

葡萄牙航海家於1460年代發現此島

/ *1500*   *1600*   *1700*   *1800*   *1900*   *2000*

    1573年，第一批殖民   1680年，鄰島火島火山爆發

桀驁不馴地，這顆糾緊的心躺在鄰島凶暴火山的背風面。在這裡，在這群島的最外圍，雲幕低垂；它的雨量比其他一再被沙漠風吞沒的島嶼多。露珠蕩遊在杏樹、海棗樹與椰子樹的葉子上，在瑠璃蝶草、夾竹桃與紫茉莉的花海中。這座島嶼是一顆有河流血管、有強壯山脈肌肉的心臟。它輕輕敲著摩納（morna）³悲傷的拍子，不斷地隨著古老的小調歌謠跳動，控訴生命的無望以及讓人離開卻終得返回的既定命運。那是嚮往一處根源、嚮往一段說不真確的過去時光的片段、嚮往一塊遙遠的陸地、嚮往一個沒人擁有的故鄉的心情。一種如同這些島嶼散布於四處的心情。那是對一個地方的渴望，而那地方正是這裡、不是別處。那是沒有原住民的陸地特有的歌曲。這裡的居民全都是當年無法離開或成為奴隸的人、自願或非自願移民的人、有藍眼黑膚的人的後代。// 樂曲以猶豫的步調展開，跟著大幅度的連奏弧線走。吉他以四四拍的節奏彈吟低音部，伴以四弦琴拔奏出的切分音，間或加入小提琴協奏。這是駐留在港口酒吧與舞廳的歌曲：「在這漫長的旅途／誰陪著你？／在這漫長的旅途／誰陪著你？／／前往聖多美⁴的旅途／索達德⁵，索達德／索達德／前往我的家鄉聖尼古拉⁶／／你若寫信給我／我會回你信／你若忘了我／我會忘了你／／索達德，索達德／索達德／前往我的家鄉聖尼古拉／／直到你／回家的那一天。」// 這裡的百姓有三分之二不是住在自己的國家。

譯註1：英文Leeward Islands，為小安地列斯群島（Lesser Antilles）中的北部島群。
譯註2：英文為Cape Verde。
譯註3：維德角群島特有的音樂與舞蹈風格，樂風偏於悲傷、陰沉。
    譯註4：葡萄牙語：São Tomé，是非洲島國聖多美和普林西比（São Tomé and Príncipe）的首都。
譯註5：Sodade是Saudade（葡萄牙語）的訛字。此字常出現在摩納（morna）歌曲中，用以表達濃厚的悲傷、思慕、嚮往之類的情感。
譯註6：葡萄牙語為São Nicolau，維德角群島之一。

大島（Ilhéu Grande）　希瑪島（Ilhéu de Cima）

宏布群島（Ilhéus do Rombo）

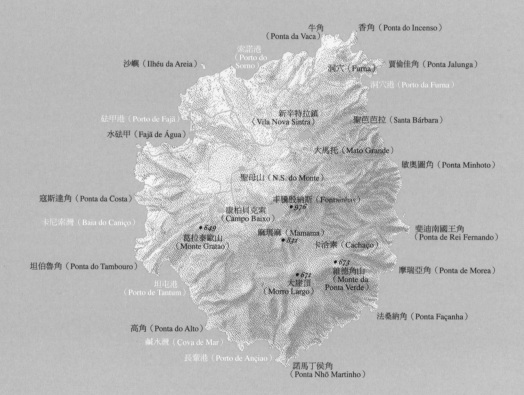

牛角（Ponta da Vaca）　香角（Ponta do Incenso）

沙嶼（Ilhéu da Areia）　索諾港（Porto do Sorno）

洞穴（Furna）　賈倫佳角（Ponta Jalunga）

洞穴港（Porto da Furna）

砝甲港（Porto de Fajã）　新辛特拉鎮（Vila Nova Sintra）

水砝甲（Fajã de Água）　聖芭芭拉（Santa Bárbara）

大馬托（Mato Grande）

敏奧圖角（Ponta Minhoto）

聖母山（N.S. do Monte）

寇斯達角（Ponta da Costa）　丰騰殿納斯（Fontainhas）

卡尼索灣（Baia do Caniço）　康柏貝克索（Campo Baixo）　•976

斐迪南國王角（Ponta de Rei Fernando）

葛拉泰歐山（Monte Gratao）　•849　麻瑪麻（Mamama）　•831

坦伯魯角（Ponta do Tambouro）　卡洽索（Cachaço）

•673

摩瑞亞角（Ponta de Morea）

坦屯港（Porto de Tantum）　•671　維德角山（Monte da Ponta Verde）

大崖頂（Morro Largo）

高角（Ponta do Alto）　法桑納角（Ponta Façanha）

鹹水灣（Cova de Mar）

長輦港（Porto de Ançiao）　諾馬丁侯角（Ponta Nhõ Martinho）

1　2　3　4　5公里
--/----/----/----/----/

大西洋

安諾本島（赤道幾內亞）

西班牙文：Annobón｜葡萄牙文：Ano Bom（豐年）｜安諾本島語：Pagalu（大公雞）
17平方公里｜5008名居民

190公里
---/→聖多美（São Tomé）

610公里
----/----/--/→馬拉博（Malabo）[1]

1000　　　2000　　　3000　　　4000　　5580公里
----/----/----/----/----/----/----/----/----/----/----/...|→特羅姆林島（58）

迪亞哥・拉米雷斯・德拉迪亞茲（Diego Ramirez de la Diaz）[2]於1470年發現此島
/ 1500　　1600　　　1700　　　1800　　　1900　　　2000
--/----/----/----/----/----/----/----/----/----/----/----/-
　　　　　　　　　　　　　　　　　　　　|
1968年成為赤道幾內亞（Equatorial Guinea）共和國的一部分

二〇〇三年九月二十六日，3C0V無線通訊開始運作。儘管天候惡劣，他們並未啟動最低的頻段——頻率愈低，電波愈長——卻仍有得到很多回訊。// 軍隊每天都來騷擾他們：問些有的沒有的，要他們出示文件。事實上，他們先前已跟該國各個部門書面交涉過了，也表明業餘無線電玩家對政治、宗教問題都沒興趣；他們的熱誠全投注在跨越國界的通訊上。每名會員都持有交通暨通訊部發給的個別許可，准予在此島停留兩星期，也得到海關特別的暫許，允以攜入並攜出單一件無線通訊設備。// 十月四日早上十點，這項遠征行動突然被終止。政府當局下令停止所有發送作業，收回天線，這些業餘玩家必須在三個小時內拆除他們的站台。當天就來了一架俄國貨機將他們帶回首都馬拉博（Malabo）。攝影相片大都被沒收，他們與家屬的電話交談也一再被中斷。// 兩天後，DJ9ZB與EA5FO獲准離開該國。EA5BYP與EA5YN被收押。十月十日，他們也終於獲准回家：「這項遠征行動的目標未能達成，我們深感遺憾。非常感謝所有對我們伸出援手的協會、俱樂部與個人。我們也很感懷安諾本島居民的親切與友誼。可惜我們不能公開這次遭遇的進一步細節，因為我們想保有未來再度進行這類遠征行動的機會。希望大家能體諒我們陷入了困難、棘手的局勢。不管怎樣，我們都未放棄情勢一旦好轉3C0V就能再度運作的希望。完畢。離場。」

譯註1：赤道幾內亞首都。
譯註2：西班牙航海家。

聖安東尼奧德巴雷
（San Antonio de Palé）

龜島（Isla Tortuga）

迪奧迪奧
（Dyo Dyo）

火峰（Pico do Fogo）
●435

金湖
（Lago
a Pot

安甘吉（Anganchi）

吉奧維歐綠
（Pico Quioveo）
●598

奧阿爾灣
（Bahia de Aual）

阿佳寶灣
（Bahia de A Jabal）

奧阿爾
（Aual）

阿爾特灣（Bahia Ate）

瑪班納
（Mabana）

歐隆甘吉角（Punta Olonganchi）

曼侯玻角（Punta Manjob）

阿迪玻
（A Dyibó）

聖赫勒拿島（英國）

英文：Saint Helena
122平方公里 | 4255名居民

1850公里
→安哥拉（Angola）

3290公里
→巴西（Brazil）

2010公里
→安諾本島（32）

1815年10月15日，拿破崙被流放於此島

朱昂・達諾瓦（João da Nova）於1502年5月21日發現此島　　1821年5月5日，拿破崙卒於此島

「一艘巡防艦絕對不夠！」拿破崙王朝支持者憤然要求出動一整組艦隊。畢竟他們的目標是要取回滑鐵盧戰役（Battle of Waterloo）所失去的。// 這項任務的發令者，不是老船夫卡戎（Charon）[1]，而是年輕的儒安維爾親王（Prince de Joinville）。這趟出殯隊伍是由一名皇家專員、一名牧師、一名醫生、一名鎖匠、一名畫家組成的；榮譽護衛之職則由拿破崙流亡時期的隨員與僕人擔任。他們一起飄洋過海，是為了取回某人的屍體——歐洲曾不遺餘力地讓這個人遠離洲陸本土。巡防艦「美禽號」（Belle Poule）特地為這趟航向亡靈島的任務塗成黑色。// 他總是敗在島嶼上。沒贏過半場大型海上戰役。好個背信棄義的英國！他在這小島上所欠缺的，不是自由，而是權力，以及返回世界舞台的機會。在一個聯隊的監守下，他住在一處多風的高原上，周遭是他忠誠的叛徒。他只能成為殉道烈士，集結一群信徒幫他撰寫教義。他扮演被縛在焦黑巨岩上的普羅米修斯（Prometheus）[2]，傾聽他那已凝為歷史過往事蹟的回聲。// 午夜正點，英國士兵撬壞地上的鐵欄杆以及三塊板子。在火把的照明下，他們抬出四具嵌套在一起的棺材：這四具棺材的材質分別是桃花心木、鉛、烏木與錫。他們小心地打開最後一具，醫生掀起白色亞麻布：躺在裡面的他身著法蘭西獵兵制服，勳章放在胸前，帽子放在腿上，猶如正安詳地睡著，只是鼻子變形了，鬍鬚泛藍，指甲慘白。一具枯乾、已成木乃伊的軀體。干擾亡者安寧的人受到驚嚇，他的隨員低聲啜泣。// 四十三個人在傾盆大雨中將他的豪華石棺拖運到路上，抬到車上，覆上紫色棺罩；罩布上繡著金蜂與大寫字母N。三天後，一八四○年十月十八日，船起錨。皇帝返鄉了。

譯註1：希臘神話中冥王的船夫，負責將死者渡過冥河。
譯註2：希臘神話中，提坦神（Titan）普羅米修斯因為幫人類從奧林匹斯（Olympus）偷取火，觸怒了天神宙斯（Zeus），而被鎖在高加索山（Caucasus）的懸崖上。宙斯每天派一隻鷹去吃他的肝，又讓他的肝每天重新長上，使他日日承受被惡鷹啄食肝臟的痛苦。

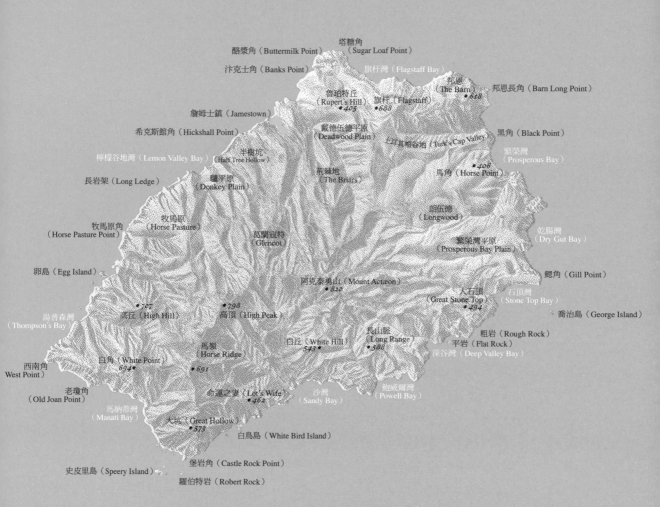

酪漿角（Buttermilk Point）

塔糖角（Sugar Loaf Point）

汏克士角（Banks Point）

旗杆灣（Flagstaff Bay）

魯珀特丘（Rupert's Hill）
•405

邦恩（The Barn）
•618

邦恩長角（Barn Long Point）

詹姆士鎮（Jamestown）

旗杆（Flagstaff）
•688

希克斯館角（Hickshall Point）

戴德伍德平原（Deadwood Plain）

黑角（Black Point）

檸檬谷地灣（Lemon Valley Bay）

半樹坑（Half Tree Hollow）

土耳其帽谷地（Turk's Cap Valley）

繁榮灣（Prosperous Bay）

長岩架（Long Ledge）

驢平原（Donkey Plain）

荊棘地（The Briars）

馬角（Horse Point）
•406

牧馬原（Horse Pasture）

朗伍德（Longwood）

牧馬原角（Horse Pasture Point）

葛蘭寇特（Glencot）

繁榮灣平原（Prosperous Bay Plain）

乾腸灣（Dry Gut Bay）

卵島（Egg Island）

阿克泰勇山（Mount Actæon）
•820

鰓角（Gill Point）

湯普森灣（Thompson's Bay）

高丘（High Hill）
•707

高頂（High Peak）
•798

大石頂（Great Stone Top）
•494

石頂灣（Stone Top Bay）

喬治島（George Island）

西南角（West Point）

白角（White Point）
•694

馬嶺（Horse Ridge）
•691

白丘（White Hill）
543•

長山脈（Long Range）
•588

平岩（Flat Rock）

粗岩（Rough Rock）

深谷灣（Deep Valley Bay）

老瓊角（Old Joan Point）

命運之妻（Lot's Wife）
•462

沙灣（Sandy Bay）

鮑威爾灣（Powell Bay）

馬納蒂灣（Manati Bay）

大坑（Great Hollow）
•573

白鳥島（White Bird Island）

史皮里島（Speery Island）

堡岩角（Castle Rock Point）

羅伯特岩（Robert Rock）

1　2　3　4　5公里
--/----/----/----/----/

大西洋

南緯 20° 30′
西經 29° 20′

特林達德島 特林達德和馬丁群島[1]（巴西）

葡萄牙文：Ilha da Trindade（三重島）
10平方公里 | 32名短期居民

1140公里
→維多利亞（Vitória）[2]

1450公里
→里約熱內盧（Rio de Janeiro）

2540公里
→聖赫勒拿島（34）

1890—1896年被英國佔領

瓦斯科·達伽馬（Vasco da Gama）[3]於1502年5月18日發現此島

這陸塊的地形造得糟透了。整個胡亂隨意地往大海丟，弄得上面坑坑窪窪、崎嶇不平，邊緣淨是險峻斷崖，難以接近。總是一再有人在散步當中無聲無息地消失，被數公尺高的巨浪捲走，被土石流淹沒，或被火山口吞噬。墓園裡，沒有墳墓的十字架正是在紀念這些失蹤的人。這塊地不是為人類而造的。// 一九五八年一月十六日中午，正當教練船「薩爾登拿將軍號」（Almirante Saldanha）準備起錨，隨船百姓之一的阿米諾·巴拉烏納（Almiro Barauna）還想再為特林達德島的南岸照幾張相時，十二點十五分，天空忽然冒出一個發出耀眼亮光的物體，如蝙蝠般、波浪形地往該島的克里斯塔德加洛角（Ponta Crista de Galo）方向飛去。// 這塊飛行的鐵餅發出金屬光澤，籠罩著一團泛綠磷光薄霧。甲板上的軍官與船員都激動地指著那閃耀光點。過了三十秒，巴拉烏納才終於拿起相機，瞄向目標，按了兩次快門。隨後那物體潛到祝願峰（Pico Desejado）後面。幾秒後，那顯然繞了一圈的飛行體再度現身。它顯得更近更大。船橋陷入一陣騷動，巴拉烏納在人群中跌倒，但仍照了四張相片。約十秒後，這神祕飛行體在遠方雲堆中消失，不再出現。// 巴拉烏納所照的相片都過度曝光。其中四張相片顯示了在不同飛行位置的不明物體。中間的圓環使它看起來像是被壓扁的土星。另外兩張巴拉烏納在船上混亂拉扯中沒照好的相片，只看到傾斜的欄杆、海水以及岸邊陰暗的岩石；那陡直地從海面挺出的岩石帶著形體僵硬的尖角，顯得既詭異又陰沉，猶如來自另一世界。

譯註1：葡萄牙文為Trindade e Martim Vaz。
譯註2：位於巴西東部大西洋沿岸。
譯註3：葡萄牙探險家。

北角（Ponta da Norte）　　克里斯塔德加洛角（Ponta Christa de Galo）

　　　　　　　　　　方尖碑山
　　　　　　　　　　（Obelisco）　　　瓦拉多角（Ponta do Valado）
　　　　　　　　　　● *430*

紀念角　　　　　　　　　　　　葡萄牙灣
（Ponta do Monumento）　　　乾原峰　　（Enseada dos Português）
　　　　　　　　　　（Pico Desejado）
拉夏德島（Ilha da Rachada）　● *620*　　培德拉角（Ponta de Pedra）

　　　　　　　　　　　　白峰
　　　　　　　　瀑布灣　　（Pico Branco）　　龜群（Parcel das Tartarugas）
　　　　　（Enseada da Cachoeira）　● *470*

　　　　辛戈法里甕角　　　　儲君灣
　　（Ponta dos Cinco Farilhões）　（Enseada do Príncipe）

　1　　　*2*　　　*3*　　　*4*　　　*5* 公里
--/----/----/----/----/

大西洋
南緯 54° 25'
東經 3° 21'

布威島（挪威）

挪威文：Bouvetøya｜英文：Bouvet Island舊稱Lindsay（林夕）或Liverpool Island（利物浦島）
49平方公里｜無居民

2510公里
→好望角（Cape of Good Hope）

1700公里
→南極洲（Antarctica）

1910公里
→垂斯坦昆哈島（40）

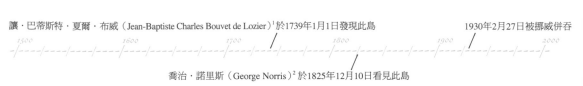

讓·巴蒂斯特·夏爾·布威（Jean-Baptiste Charles Bouvet de Lozier）[1]於1739年1月1日發現此島

1930年2月27日被挪威併吞

喬治·諾里斯（George Norris）[2]於1825年12月10日看見此島

開普殖民地（Cape Colony）南方是橫無涯際的大海，尚無海洋學探測數據。越過阿古拉斯淺灘（Agulhas Bank）後的水深探測行動總是失敗。刷上白漆而有熱帶風味的「瓦爾迪維亞號」（Valdivia）[3]往南行駛，選了一條五十多年來沒有船隻要走的路線。在英國航海圖上，它是一塊空白的區域，只給了一項不確定的資料：一座位於南緯五十四度以下的小群島，布威（Bouvet）首度看到時，以為是南方大陸的一處海岬。庫克（Cook）、羅斯（Ross）[4]、摩爾（Moore）都沒再找到。只有兩名捕鯨船船長看到了，定出的位置卻不一樣。∥氣壓計的水銀柱往下掉，風速升高轉為十級暴風，迫使他們將船身打橫。天色沉暗下來，水薙鳥飛起，第一批灰身、黑頭、白眼瞼的信天翁，如吸血鬼般，沉靜卻令人毛骨悚然地在忙得一團亂的船隻上頭盤旋。巨浪數度抓住汽船，將它摔到一旁，使實驗室裡的玻璃燒瓶從架子上掉出來。汽笛定時轟鳴，藏匿在霧中的冰山紛紛答以響亮的回聲。瓦爾迪維亞號終於抵達海軍地圖上標註的三座島嶼——布威（Bouvet）、林夕（Lindsay）與利物浦（Liverpool）——的區域。水深探測結果卻只得到一條海脊。太陽在地平線上用雲層造出似真還假的陸地。他們找不到任何島嶼蹤影。∥一八九八年十一月二十五日中午，第一座雄偉發亮的冰山現身。三點三十分，大副喊道：「那些布威島就在我們面前！」然而，起初有些朦朧、隨後清晰出現在他們右前方七海里外的輪廓，並非島群，而是單一的島嶼，陡峭、狂野，有險峻的冰壁、觸及海面的冰河以及厚實的萬年雪場。這就是它——三組遠征隊伍找不到、失蹤將近七十五年的布威島。

譯註1：法國航海家。
譯註2：英國捕鯨船船長；他將此島命名為利物浦島（Liverpool Island）。
譯註3：德國於一八九八年首度執行深海探測行動所用的船隻。
譯註4：請參閱→富蘭克林島（122）。

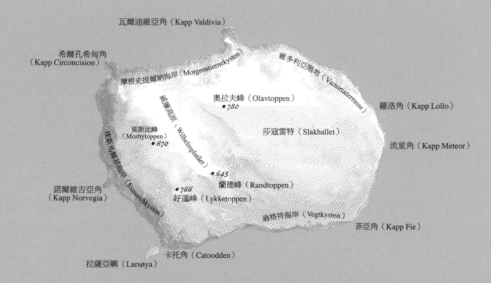

瓦爾迪維亞角（Kapp Valdivia）

希爾孔希匈角
（Kapp Circoncision）

維多利亞階地（Victoriaterrasse）

摩根史提爾納海岸（Morgenstiernekysten）

羅洛角（Kapp Lollo）

紀堯姆原原（Wilhelmplatået）

奧拉夫峰（Olavtoppen）
• 780

莎寇雷特（Slakhallet）

莫斯比峰
（Mosbytoppen）
• 670

流星角（Kapp Meteor）

埃斯馬克海岸（Esmarchkysten）

• 645

蘭德峰（Randtoppen）

諾爾維吉亞角
（Kapp Norvegia）

• 766
好運峰（Lykketoppen）

佛格特海岸（Vogtkysten）

菲亞角（Kapp Fie）

拉薩亞嶼（Larsøya）

卡托角（Catoodden）

1　　2　　3　　4　　5公里
|___|____|____|____|____|

南緯 37°6'
西經 12°17'

大西洋
垂斯坦昆哈島（英國）

葡萄牙文：Tristão da Cunha ｜ 英文：Tristan da Cunha
104平方公里 ｜ 264名居民

```
          1000                2000        2770公里
----/----/----/----/----/----/----/----/----→好望角（Cape of Good Hope）

          1000                      3000     3340公里
----/----/----/----/----/----/----/----/----/----→里約熱內盧（Rio de Janeiro）

          1000                2000        2690公里
----/----/----/----/----/----/----/----/----→南圖勒群島（42）
```

威廉‧葛拉斯（William Glass）[2]於1817年11月7日簽署共同生活綱領

```
1500         1600         1700         1800         1900         2000
/                         /            /            /            /----/--
```

垂斯坦‧達‧昆哈（Tristão da Cunha）[1]於1506年發現此島　　　　　　1961－1963年，火山爆發而撤離所有居民

在船上宣告革命，在島嶼上體驗烏托邦。在其他地方必定會有不同的未來，是一個令人欣慰的信念，也是開明中產階級的書櫃裡那兩本書——聖經與《岩堡島》（*Insel Felsenburg*）[3]——的主題。可是天堂很遙遠；要登上一座位於南大西洋的小島，進入這個島嶼共和國，一個公正的國家，一個較好世界的模型，還不如直接上天國容易。這個與外界隔絕的國家，法令很簡單、很大膽：人人平等，眾人分享所有，而且有一個很棒的族長會照顧大家。他們滿足於一夫一妻的婚姻。九個部族之間會互換食品；水果、葡萄隨地生長，隨你摘採。陸地內部有祕密走道通往洞穴與一座瀑布，只有好的、被選中的人可以進入，壞的、只有惡念的人橫豎會淹死在苦澀的大海中。上了岸而想留下來的人，必須把自己的生命經歷如同陌生人的故事般說出來。失敗者仍是最佳的烏托邦民。一個新的開始，一個基本上只會更好的生活，一個不一樣的我，是有可能的。 // 「根本不像登上岩堡島。」阿爾諾‧史密德（Arno Schmidt）[4]登上垂斯坦昆哈島後如此想；他原以為會在這兒見到岩堡島的化身，因為就在約翰‧高弗瑞德‧史納貝爾（Johann Gottfried Schnabel）的小說發表近百年後，大家長威廉‧葛拉斯（William Glass）和他的信徒就如同史納貝爾所預言地在垂斯坦建立了一個簡單的微型共產社會。在這偏遠島嶼上，史密德堅持要未經縮減的岩堡島版本和一塊農地：「就在我證明這最奇異的一座島嶼極其有趣／值得歌詠後，他們不該贈予／分配一塊屯地給我嗎？就二十英畝左右，緊鄰那座小無線電台，還有一間八十平方公尺的波狀鐵皮屋？——去那裡的費用由我自己付／出資。」史密德還是留在他那歐石南叢生的荒野上[5]。垂斯坦昆哈島不長葡萄。地圖上仍然沒有岩堡島的標記。

譯註1：葡萄牙海軍將領。
譯註2：英國人。
譯註3：約翰‧高弗瑞德‧史納貝爾（Johann Gottfried Schnabel）於一七三一、三二、三六、四三年陸續發表的小說，述說一名德國船員遭遇船難而漂流到一座美麗的小島，在那兒與同行女船員結婚生子，建立了一個龐大的家族，過著令人羨慕的生活。一八二八年，另一名德國作家為之集結縮編成書，取名為《岩堡島》。
譯註4：德國作家（1914－1979）。
譯註5：史密德自一九五八年起住在德國一座位於歐石南叢生的荒野上的村落。

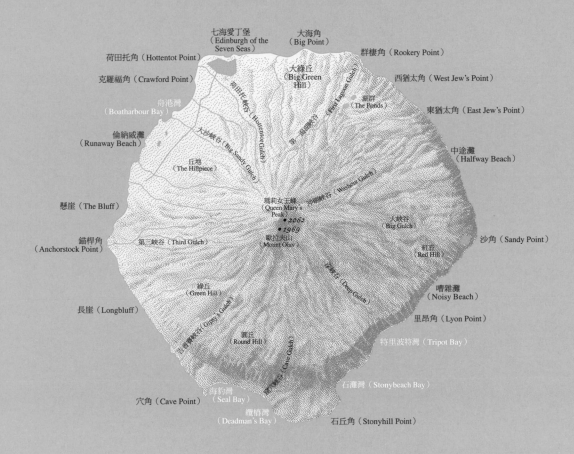

七海愛丁堡
（Edinburgh of the
Seven Seas）

大海角
（Big Point）

荷田托角（Hottentot Point）

克羅福角（Crawford Point）

大綠丘
（Big Green
Hill）

群棲角（Rookery Point）

舟港灣
（Boatharbour Bay）

荷田托峽谷（Hottentot Gulch）

第一礁湖峽谷（First Lagoon Gulch）

西猶太角（West Jew's Point）

湖群
（The Ponds）

東猶太角（East Jew's Point）

倫納威灘
（Runaway Beach）

大沙峽谷（Big Sandy Gulch）

丘地
（The Hillpiece）

第二礁湖峽谷

中途灘
（Halfway Beach）

懸崖（The Bluff）

瑪莉女王峰
（Queen Mary's
Peak）
• 2062
• 1969

溫索峽谷（Winsor Gulch）

大峽谷
（Big Gulch）

沙角（Sandy Point）

錨桿角
（Anchorstock Point）

第三峽谷（Third Gulch）

歐拉夫山
（Mount Olav）

紅丘
（Red Hill）

綠丘
（Green Hill）

深峽谷（Deep Gulch）

嘈雜灘
（Noisy Beach）

長崖（Longbluff）

里昂角（Lyon Point）

吉普賽峽谷（Gipsy's Gulch）

圓丘
（Round Hill）

特里波特灣（Tripot Bay）

洞穴峽谷（Cave Gulch）

石灘灣（Stonybeach Bay）

穴角（Cave Point）

海豹灣
（Seal Bay）

纏悄灣
（Deadman's Bay）

石丘角（Stonyhill Point）

石丘灣（Stonyhill Point）

1   2   3   4   5 公里
---/----/----/----/----/

大西洋

南緯 59° 27'
西經 27° 18'

南圖勒群島 南三明治群島[1]（英國）

英文：Southern Thule
36平方公里｜無居民

740公里
→南喬治亞（South Georgia）

1000　1400公里
→南極洲（Antarctica）

960公里
→勞里島（118）

詹姆斯・庫克（James Cook）[2]於1775年1月31日發現此島

1976—1982年被阿根廷（Argentina）佔領

圖勒在哪裡？在最外圍處。在極圈裡。緊鄰用木板釘牢的地球尾端：已知世界的最後一個哨站，一座遠北島嶼，那裡的大海既陰暗又凶猛，以致沒人願意前去；從凝結的大海出發得走上一天才會到。//庫克艦長的第二次遠征下令往南走，他的使命是找出「南方大陸」（Terra australis）——那塊在世界地圖上無限伸展的巨大洲陸，一塊位於溫帶、有豐富礦產與文明居民的龐大陸地；世界聞名，卻沒人見過。//一七七五年一月，他的「決心號」（Resolution）第四度航入南冰洋。連綿不絕的巨大浮冰與零碎的冰塊卻再度逼迫它掉轉方向。事實上，船上的人都很高興，在離南緯六十度只差幾英里之際，又掉頭往北行駛。這些水手已受夠陰濕濃霧、刺骨寒氣、在結冰索具中工作、不斷地受凍與風濕痛，有的已虛脫得昏迷整日。//冷不防，他們撞上一塊有黑色孤殘層的冰凍陸地，陡峭的殘礁滿布竇穴，上方被海鴨佔領，下方被狂浪鞭笞。厚重雲層遮掩了它的山脈，只有一雪白峰頂矗立於雲端之上，至少兩英里高。五海里後，眼前冒出另一座山，是這塊荒涼陸地的南端，也可能是他們所尋找的洲陸最北端的海角。唯一能確定的是：這塊陸地沒多大用處，上面罩著永遠不會融化的萬年積雪與冰川殘跡，陰霾、冰冷、令人畏懼。這一部分的世界永遠臣服於大自然，籠罩在陰暗中。這裡是新圖勒，已知世界的另一個端點。

譯註1：英文為South Sandwich Islands。
譯註2：英國探險家、航海家、地圖學家，最後升為皇家海軍艦長。生於一七二八年，卒於一七七九年。

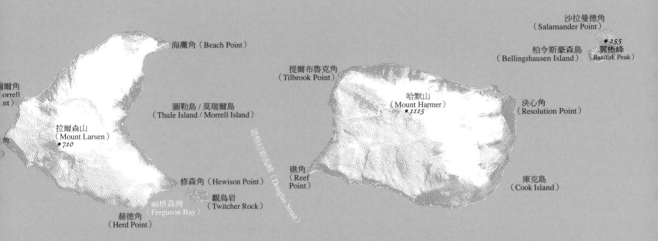

海灘角（Beach Point）

沙拉曼德角
（Salamander Point）

提爾布魯克角
（Tilbrook Point）

●255
蜥蜴峰
（Basilisk Peak）

柏令斯豪森島
（Bellingshausen Island）

福爾角
（Morrell
Point）

圖勒島／莫瑞爾島
（Thule Island / Morrell Island）

哈默山
（Mount Harmer）
●1115

決心角
（Resolution Point）

角

拉爾森山
（Mount Larsen）
●710

修森角（Hewison Point）

礁角
（Reef
Point）

庫克島
（Cook Island）

觀鳥岩
（Twitcher Rock）

福格森灣
（Ferguson Bay）

道格拉斯海峽 （Douglas Strait）

赫德角
（Herd Point）

1　　2　　3　　4　　5 公里
|___/____/____/____/____|

印度洋 *Indian Ocean*

特羅姆林島
Tromelin

波瑟欣島
Île de la Possession

牙哥加西亞島
ego Garcia

聖誕島
Christmas Island

南基林群島
South Keeling Islands

姆斯特丹島
msterdam Island

聖保羅島
Île Saint-Paul

印度洋

南緯 38° 43'
東經 77° 31'

聖保羅島（法國）

法文：Île Saint-Paul
7平方公里｜無居民

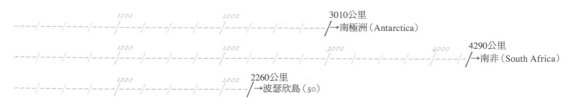

1000　　　　　2000　　　　　3010公里
├──/──/──/──/──/──/──/──/──/──/──/──/──/──/──/──/──┤ → 南極洲（Antarctica）

1000　　　　　2000　　　　　3000　　　　　4000　　　4290公里
├──/──┤ → 南非（South Africa）

1000　　　　　2000　2260公里
├──/──/──/──/──/──/──/──/──/──/──/──┤ → 波瑟欣島（50）

哈威克・克萊斯・德希雷弘（Harwick Claesz de Hillegom）[1]於1618年4月19日看見此島

1500　　　1600　　　1700　　　1800　　　1900　　　2000
├──/──┤

1559年，有一張葡萄牙地圖提及此島　　　　　　　1892年10月24日被法國併吞

一八七一年六月十八日，英國郵輪「女王陛下的墨蓋拉號」（HMS Megaera[2]）在火山口入口旁的自然石堤邊擱淺了。船員上岸求生時，兩名法國人前來招呼他們。這兩人來自波旁島（Île Bourbon[3]），不會半句英文。// 其中一人自稱總督，三十歲，一條腿瘸了。另一個自述為臣民，小他五歲，有出眾的體格，是一名優秀的攀登家，沒有陡壁難得倒他。他欣然地帶領這些人遊覽這座島嶼，那位總督則蹲坐於火山口邊緣的一間小屋前。這位臣民一直說總督是「非常好的人」；那位總督則總是將他的臣民描述為「徹徹底底的壞人」。這兩人實在是絕配。他們一起住在那小木屋裡，有一些法文藏書。從很久很久以前，他們就已成為不可分割的一對。他們的任務是看守擱置在淹滿海水的火山口盆地裡的四艘小船，以及記錄捕鯨者。月薪四十法郎。不過幾乎沒有人在這兒上過岸，因為這一帶不時有令人畏懼的暴風與濃霧。// 鴨子、老鼠與野貓是這座島嶼上唯一可食的動物。除了一種類似菠菜的生菜外，這裡只有苔蘚、蕨類植物與乾枯的草。一年一次會有大批企鵝上來，在岩石間的稀疏草堆中孵蛋。這些大鳥有白胸、灰背、粉紅發亮的眼睛，頭上有金色的羽毛。牠們不怕人，但是牠們的肉一點兒也不好吃。// 據稱以前有一名黑白混血兒與這兩名法國人一起住在這兒。依他們的說法，那名好人與那名壞人把他殺了、吃了，並把殘骸保存在小屋裡──就是總督日日看守的那間小屋。

譯註1：荷蘭航海家。
譯註2：Megaera（Μγαιρα）是希臘神話中的三個復仇女神之一，意為「嫉妒」。
譯註3：自一七九三年波旁王朝衰敗後，改名為留尼旺（La Réunion）。

史密斯角（Pointe Schmith）

諾瓦拉山脊
（Crête de la Novara）
264

錐嶼（La Quille）

火山口湖
Lac Cratère

探索角（Pointe Quest）

哈策森角（Pointe Hutchison）

南角（Pointe Sud）

1　　2　　3　　4　　5 公里
--/----/----/----/----/

南緯 12° 10'
東經 96° 52'

南基林群島（澳大利亞）

亦稱：南科科斯群島 ｜ 英文：South Keeling Islands 或 South Cocos Islands
13.1平方公里 ｜ 596名居民

1000 1110公里
----/----/----/----/--/→爪哇島（Java）

1000 *2000* 2100公里
----/----/----/----/----/----/----/----/----/→澳大利亞（Australia）

960公里
----/----/----/----/→聖誕島（56）

1827—1831年，首先移民於此的亞利山大·黑爾（Alexander Hare）與約翰·克魯尼斯－羅斯（John Clunies-Ross）發生爭執[2]

1500 *1600* *1700* *1800* *1900* *2000*
--/----/----/----/----/----/----/----/----/----/----/----/----/----/----/----/----/----/----/--

威廉·基林（William Keeling）[1] 可能曾於1609年發現此島 1978年，澳大利亞從克魯尼斯－羅斯家族手中買下此群島

「國王陛下的小獵犬號」（HMS Beagle）在一處溫馴的水域，一座被波濤泡沫沖洗著沿岸、礁石環繞四周的潟湖，停泊了十二天。查爾斯·達爾文（Charles Darwin）在群島間遊走，蒐集動植物樣本，計數大自然的多樣性：他發現了十六科、十九屬、二十種的植物，全都是大海運送來的流浪種子的後代。這整塊陸地都是由已磨去銳角的珊瑚礁組成的。到處都有寄居蟹背著從鄰近海灘偷來的貝殼爬來爬去。// 一八三六年四月四日，大海異常平靜，使得達爾文鼓起勇氣跨越無生命岩石的外圍堤岸，涉水走到有生命的珊瑚壁，從無涯大海翻湧而來的巨浪沖碎於此。在這裡，在潮間帶上，有大片細嫩的樹狀珊瑚；在水面下柔軟的、發出光澤的生物，在空氣中、日光下隨即乾枯。這些如嬌豔花朵般的小動物日夜承受剛烈海浪無情的暴力，全賴團結的力量穩住陣腳。// 牠們原本環圍著一座火山錐，而在它逐漸沉沒於海洋之際，跟著死了。剩下的是牠們那些主要成分為碳酸鈣的骨骼，珊瑚後代就在這些骨骼上落腳繁衍。崩毀的山頭殘塊掉落在牠們身上，海風吹掃來的沙也聚集於此。慢慢地，這塊碳酸鈣骨礁長成一座島嶼。這是珊瑚孜孜不倦完成的作品，牠們既是建築工，也是建築成品。每一圈珊瑚環礁都是一座已沉沒島嶼的紀念碑，一件全由這些微小纖弱動物所完成的、比金字塔還偉大的奇蹟。// 「小獵犬號」離開這潟湖時，達爾文寫道：「我很慶幸我們造訪了這座群島。這種構成絕對可列為世界之妙的榜首。」一年後，他做出如下的結論：「生命之樹或該改稱為生命之珊瑚。」

譯註1：任職於東印度公司（East India Company）的英國船長。
譯註2：約翰·克魯尼斯－羅斯原本是為商人亞利山大·黑爾工作的蘇格蘭船長。荷蘭佔領爪哇島並將黑爾驅逐出境後，克魯尼斯－羅斯陪黑爾在大洋中尋找新的居所。克魯尼斯－羅斯於一八二五年抵達當時無人居住的基林群島，隨即在此自立為王，自稱羅斯一世（Ross I）。克魯尼斯－羅斯於一八二七年返回此地時，黑爾與其後宮已定居此。他們兩人發生激烈衝突，反目成仇。最後，黑爾於一八三一年離開此群島。

霍斯堡島
（Horsburgh Island〔Pulo Luar〕）

波瑟欣角
（Possession Point）

方向島
（Direction Island〔Pulo Tikus〕）

避難港（Port Refuge）

監獄島
（Prision Island〔Pulo Bras〕）

土耳其礁
（Turk Reef）

主島（Home Island）

西邊入口（Western Entrance）

安龐島（Pulo Ampang）

布魯科克島（Pulo Blukok）

佤伊達斯島（Pulo Wa-idas）

坦鍾尾（Ujong Tanjong）

康邦島（Pulo Kambang）

雀普洛克島（Pulo Cheplok）

潘當島（Pulo Pandang）

西普特島（Pulo Siput）

姜巴坦島（Pulo Jambatan）

拉布島（Pulo Labu）

西島（West Island〔Pulo Panjang〕）

德卡特尾嶼（Ujong Pulo Dekat）

潟湖（Lagoon）

阿洛爾頓宇
（Alor Pinyu）

姜布灣
（Telok Jambu）

格容更灣
（Telok Grongeng）

康井島
（Pulo Kambing）

坦鍾普吉
（Tanjong Pugi）

佳兀尾嶼
（Ujong Pulo Jau）

布蘭島（Pulo Blan）

賽布朗灣
（Telok Sebrang）

康井灣
Telok Kambing

瑪莉亞島
（Pulo Maria）

布蘭馬達爾島
（Pulo Blan Madar）

南島
（South Island〔Pulo Atas〕）

克拉帕徒朱
（Klapa Tuju）

1 2 3 4 5公里
--/----/----/----/----/

印度洋

波瑟欣島 克羅澤群島[1]（法國）

法文：Île de la Possession（擁有島），原名Île de la Prise de Possession（佔據島）
150平方公里｜26至45名短期居民

馬克-約瑟夫・馬里昂・杜弗雷斯納（Marc-Joseph Marion du Fresne）[2]於1772年1月24日發現此島

一九六二年，第一批法國考察團給予最北端山脈那位最偉大的、而且是來自他們國家的夢想機械師的名字。如今有兩個地方擁有儒勒・凡爾納（Jules Verne）這個名字：這座位於波瑟欣島的險峻山脈，以及一個位於月球背面的隕石坑──儒勒・凡爾納在他奇特的旅行中輕易抵達的兩個極點。這位未來懷舊者與過去預言家將遠古與未來的時光、近在眼前與遠在天邊的地方，全濃縮成借助巧妙機器就能前往的空間，且安全無虞，就跟凡爾納所述說的故事一樣。// 他的小說能取代世界博覽會，是各種潛在冒險活動的自然歷史博物館，有高科技光澤，是適合在家裡做的白日夢，是給杜門不出的書蟲的地圖集。他的故事主人公都是男孩與單身漢，嘗試以百科全書的知識解決所有世界之謎，一輩子都在旅遊：薩姆爾・弗格森博士（Dr. Samuel Fergusson）[3]宣稱：「不是我跟著我的路走，是我的路跟著我。」尼摩船長（le capitaine Nemo）[4]則深愛大海。// 在前往月球、地球核心、地底世界的旅程中，無止境的好奇心與安全的需求，都得到了滿足。儒勒凡爾納山脈（Monts Jules Verne）南方幾公里處，有一條名為斯堤克斯（Styx）的河從迷失湖（Lac Perdu）流入延伸至南極洲的大海。// 這座荒涼群島位處偏僻，抵達此地的困難度高到讓人不禁要以為：遭遇船難而順著西風悠悠漂流到這些分散的玄武岩礁來，是登上此群島的唯一途徑；平時，那西風會將船隻從非洲推向澳大利亞，而且總是讓它們在這些群島的碎裂孤殘層上撞得粉碎。// 話說回來，儒勒・凡爾納的神祕島離這裡遠得很，是在太平洋上的某個角落。而這裡這一座，可一點兒也不適合體驗魯賓遜漂流記。

譯註1：英文為Archipel Crozet。
譯註2：法國海軍軍官。
譯註3：儒勒・凡爾納的小說《在氣球上五星期》（*Cinq semaines en ballon*）的主人公。
譯註4：儒勒・凡爾納的小說《海底兩萬里》（*Vingt mille lieues sous les mers*）的主人公，也在《神祕島》裡出現。

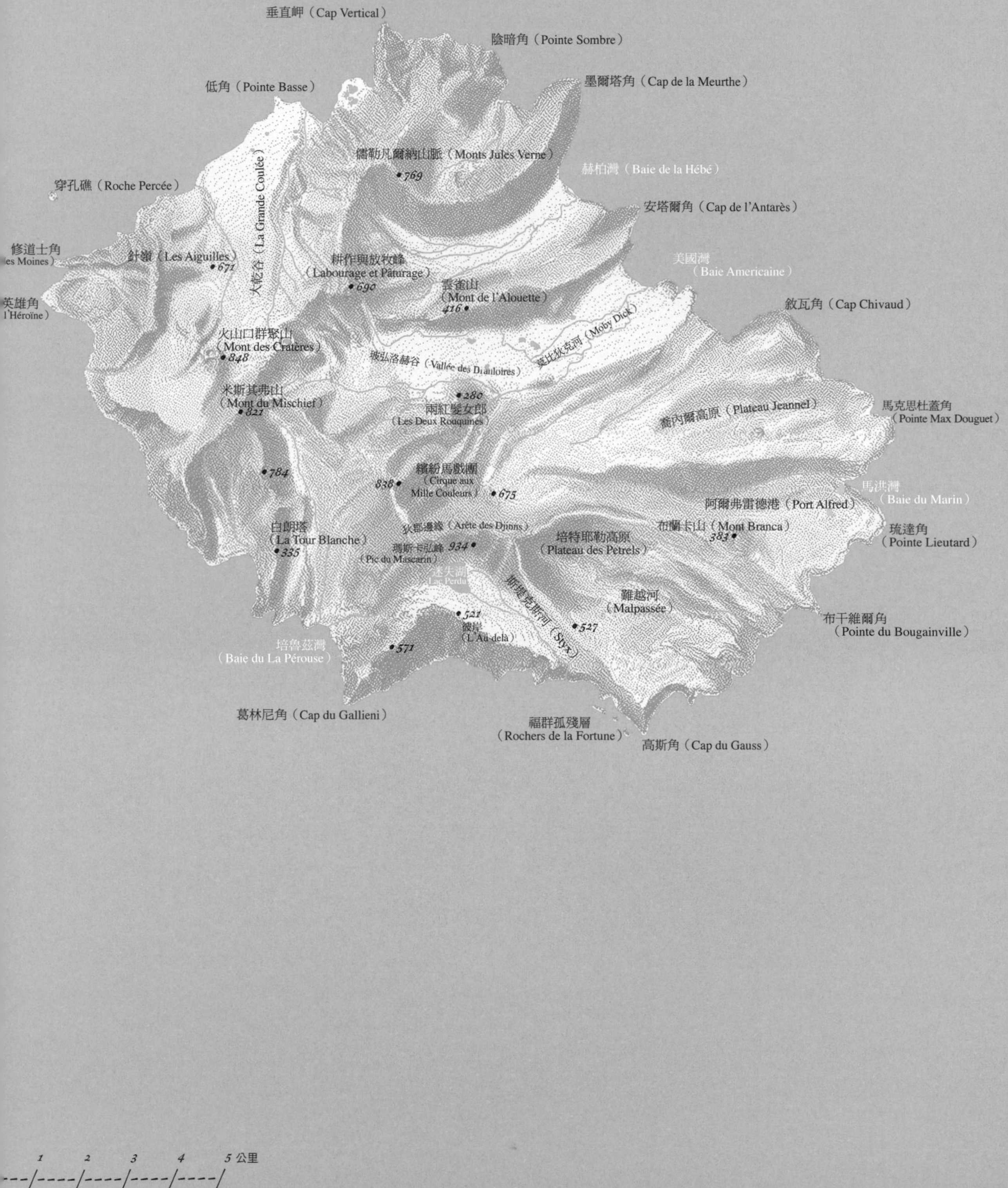

垂直岬（Cap Vertical）
陰暗角（Pointe Sombre）
低角（Pointe Basse）
墨爾塔角（Cap de la Meurthe）
儒勒凡爾納山脈（Monts Jules Verne）
769
赫柏灣（Baie de la Hébé）
穿孔礁（Roche Percée）
安塔爾角（Cap de l'Antarès）
大乾谷（La Grande Coulée）
修道士角
es Moines）
針嶺（Les Aiguilles）
671
美國灣
（Baie Americaine）
耕作與放牧峰
（Labourage et Pâturage）
690
雲雀山
（Mont de l'Alouette）
416
英雄角
l'Héroïne）
敘瓦角（Cap Chivaud）
火山口群聚山
（Mont des Cratères）
848
玻弘洛赫谷（Vallée des Dianloires）
莫比狄克河（Moby Dick）
米斯其弗山
（Mont du Mischief）
821
280
兩紅髮女郎
（Les Deux Rouquines）
喬內爾高原（Plateau Jeannel）
馬克思杜蓋角
（Pointe Max Douguet）
784
繽紛馬戲團
（Cirque aux
Mille Couleurs）
838
675
馬洪灣
（Baie du Marin）
阿爾弗雷德港（Port Alfred）
狄郡邊緣（Arête des Djinns）
布蘭卡山（Mont Branca）
383
琉達角
（Pointe Lieutard）
白朗塔
（La Tour Blanche）
335
瑪斯卡弘峰 934
（Pic du Mascarin）
培特耶勒高原
（Plateau des Petrels）
迷失湖
Lac Perdu
斯堤克斯河（Styx）
難越河
（Malpassée）
521
彼岸
（L'Au-delà）
527
布干維爾角
（Pointe du Bougainville）
培魯茲灣
（Baie du La Pérouse）
571
葛林尼角（Cap du Gallieni）
福群孤殘層
（Rochers de la Fortune）
高斯角（Cap du Gauss）
1 2 3 4 5 公里

南緯　7°18'
東經 72°24'

地牙哥加西亞島 查哥斯群島[1]（英國）

葡萄牙文：Diego Garcia
27平方公里 | 3700名短期居民

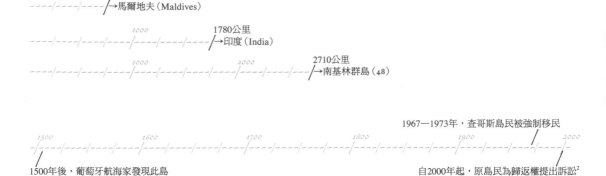

780公里
→馬爾地夫（Maldives）

1000　　　1780公里
→印度（India）

1000　　　　2000　　2710公里
→南基林群島（48）

1967—1973年，查哥斯島民被強制移民

1500　　　1600　　　1700　　　1800　　　1900　　　2000

1500年後，葡萄牙航海家發現此島　　　自2000年起，原島民為歸返權提出訴訟[2]

在路易港（Port Louis）的貧民窟裡，他們等著返鄉。四十多年前，這些查哥斯島民失去他們的家鄉、失去在一個小型樂園的生活。他們是一個不該存在的民族，因為這民族的存在意味著：發生在他們身上的，是一項侵權行為，是一個國家——一個殖民勢力——的違法行徑，是一宗發生在閃耀海洋上的骯髒交易。英國王室以三百萬英鎊的代價保留此群島，讓模里西斯（Mauritius）獨立，再以每年一美元的價格，先以五十年為期，租給所有友邦中最大的那一位。// 於是印度洋中央出現一座軍事基地，全世界最神祕的一座，卻為自己打出猶如旅遊勝地的廣告：「這個吸引人的地方，在赤道非洲東方，公車三十分鐘就能遊遍全島，具有探險旅遊的氣息。這裡的海水四季溫熱，可以乘著熱帶海風衝浪，釣捕兩百磅的旗魚，或是當一名觀光客，在水下與成千上萬豔麗的魚兒嬉戲。除了數家俱樂部與一座高爾夫球場之外，這座基地還有一棟體育館、一座美術館、一家商店、一座圖書館、一家郵局、兩家銀行與一間小教堂。我們的格言是：一座島嶼，一個團隊，一項使命。」有誰提到那五百戶被迫移民去當外國勞工的家庭？相反地，英國外交官保證：這座群島先前沒有居民。// 這座珊瑚環礁的外形很像兩根岔開的手指，一個彎曲的V字，一個在印度洋上的勝利標誌。然而，是誰的勝利？查哥斯島民爭取到英國護照，得以進入英國法庭，最後也終於爭得返鄉權。如今，這項權利再度被剝奪。英國女王簽下一紙協議——一項殖民時代的遺風：查哥斯島民的家鄉仍舊列為禁區，它是海軍與空軍的前哨基地。基地名稱：正義營（Camp Justice）。

譯註1：英文為Chagos Archipelago。
譯註2：二〇〇七年五月，英國上訴法院裁決支持英國高等法院於二〇〇六年五月做出的判決：允許島民及其家屬返回查哥斯群島中除地牙哥加西亞島以外的所有島嶼。英國政府為此再度上訴。二〇〇八年十月二十二日，英國上議院裁決：英國政府有權禁止島民返回此群島。

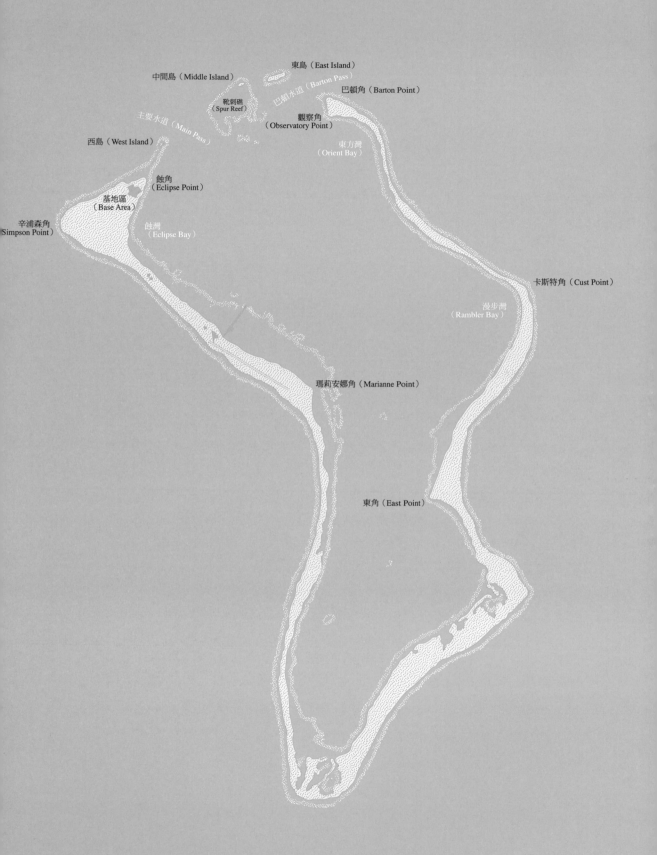

東島（East Island）

中間島（Middle Island）

巴頓水道（Barton Pass）

巴頓角（Barton Point）

靴刺礁（Spur Reef）

觀察角（Observatory Point）

主要水道（Main Pass）

西島（West Island）

東方灣（Orient Bay）

蝕角（Eclipse Point）

基地區（Base Area）

辛浦森角（Simpson Point）

蝕灣（Eclipse Bay）

卡斯特角（Cust Point）

漫步灣（Rambler Bay）

瑪莉安娜角（Marianne Point）

東角（East Point）

1　2　3　4　5公里
|---|----|----|----|----|

阿姆斯特丹島（法國）

法文：Île Amsterdam，亦稱Nouvelle Amsterdam（新阿姆斯特丹）
58平方公里｜25名短期居民

胡安・塞巴斯蒂昂・德埃爾卡諾（Juan Sebastián de Elcano）[1]於1522年3月18日發現此島　　　　1949年設立氣象站

1633年6月，安東尼・范迪門（Anthonie van Diemen）[2]以其船名「新阿姆斯特丹號」（Nieuw Amsterdam）為此島命名

阿弗雷德・梵克雷（Alfred van Cleef）決意前來。來這座跟他的出生地同名的島嶼、這處很符合他的心境的地方。數個星期就橫渡了大洋至此，但花了八年時光才取得造訪此島的許可。// 因為不准有人在此定居，這個研究站的任務團隊時常更換。有的只待了幾個月，大部分的人則待上一年半左右。// 海灘上有小海豹在嚎叫。公海豹已在為幾天後將上場的母海豹打架。勝利者能佔據岸邊最佳位置。這裡沒有船。有船又能去哪兒？這地方是法國版圖裡一塊走散迷失的小土地，在許多世界地圖裡是一個畫在無名藍色背景上的叉號；這些地圖伴著幾張信天翁相片與一大堆裸胸露腿的海報一起貼在牆壁上。// 在「大賊鷗」[3]的餐廳裡，區主任在晚餐後對他說道：「沒有所謂的隔離這種事。即使在阿姆斯特丹島上，我們還是巨大齒輪上的小輪，我們還是會收到外來訊號，讓我們清楚我們是誰。」照他自己的說法，他有多重身分，依序是：夢想家、醫生及職業軍人。他的辦公室是唯一一間牆上沒有美女海報的房間。團員的身分登記簿攤在他的書桌上。空白的欄位明示：這裡沒人已婚或有孩子。法屬南部領地（Terres australes françaises）的衛生局專員會為每一個在阿姆斯特丹島待過一年的人開示證明：他已適應這裡的生活——長期自由受限，長期處在被隔絕的、純男性的環境。來探訪的女人都沒待超過兩天。// 晚上，這些男人聚集在小視聽室裡，從他們各自保管的色情片中挑選出一部，一起觀賞。每個人都收藏了一堆。喇叭傳出喘息、呻吟聲。阿弗雷德・梵克雷走出視聽室。滿天星斗的夜空下，空氣瀰漫著發情雄獸的麝香味。入睡前，他寫道：「沒有什麼比這自行抉擇的孤寂更能解放自己。」

譯註1：西班牙人。
譯註2：荷蘭人。
譯註3：島上一座營房的名稱。

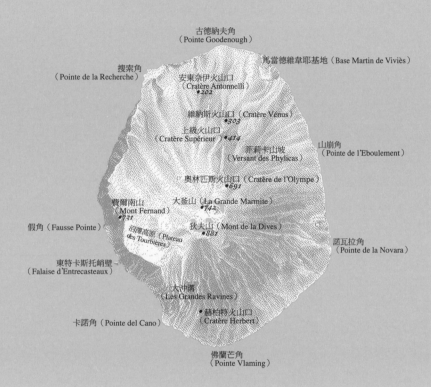

古德納夫角
（Pointe Goodenough）

馬當德維韋耶基地（Base Martin de Viviès）

搜索角
（Pointe de la Recherche）

安東奈伊火山口
（Cratère Antonnelli）
●202

維納斯火山口（Cratère Vénus）
●303

上級火山口
（Cratère Supérieur）●414

菲莉卡山坡
（Versant des Phylicas）

山崩角
（Pointe de l'Eboulement）

奧林匹斯火山口（Cratère de l'Olympe）
●691

費爾南山
（Mont Fernand）
●731

大釜山（La Grande Marmite）
●742

假角（Fausse Pointe）

沼澤高原（Plateau
des Tourbières）

狄夫山（Mont de la Dives）
●881

諾瓦拉角
（Pointe de la Novara）

東特卡斯托峭壁
（Falaise d'Entrecasteaux）

大沖溝
（Les Grandes Ravines）

赫柏特火山口
（Cratère Herbert）

卡諾角（Pointe del Cano）

佛蘭芒角
（Pointe Vlaming）

1　2　3　4　5 公里
--/----/----/----/----/

印度洋

聖誕島（澳大利亞）

英文：Christmas Island
135平方公里｜1402名居民

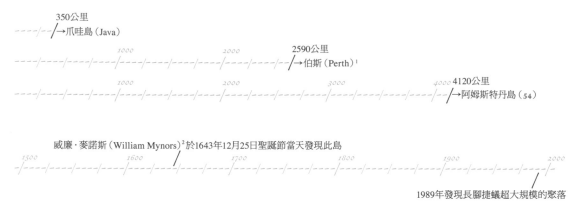

350公里
- - - - /- - /- - →爪哇島（Java）

1000   2000   2590公里
- - - -|- - -|- - -|- - -|- - -|- - -|- - -|- -/- →伯斯（Perth）¹

1000   2000   3000   4000 4120公里
- - - -|- - -|- - -|- - -|- - -|- - -|- - -|- - -|- - -|- - -/- →阿姆斯特丹島（54）

威廉・麥諾斯（William Mynors）²於1643年12月25日聖誕節當天發現此島

1500   1600   1700   1800   1900   2000
- - -|- - -/- - -|- - -|- - -|- - -|- - -/- - -|

1989年發現長腳捷蟻超大規模的聚落

雨季將牠們誘出洞穴。每年的十一月會有一億兩千萬隻成年蟹往大海前進，在這島嶼舖展開一大塊紅毯。牠們邁出成千上萬個步伐，匍匐越過瀝青與門檻，爬過圍牆與岩壁，用兩隻大鉗與八隻細足將牠們火紅的甲殼橫向推往大海，在新月（朔）前夕，將牠們黑色的卵丟入波濤裡。∥不是每隻螃蟹都能抵達目的地，牠們的敵人埋伏在四處；這些敵人是從哪兒來的，沒有人有確切的答案。不知何時，這些隨著訪客潛入的黃色長腳捷蟻就在這兒落腳了。這些侵入者只有四公釐大，牠們的軍隊卻有毀滅性的威力。這些螞蟻族群間沒有戰火，牠們的蟻后簽訂了災難性的協議：一起建立聯合殖民地、一個超級強權、一個帝國。這個帝國有三百個女王，每個女王都擁有一支龐大的軍隊。軍隊成員是有曲折長腳、纖細黃色軀幹、深色頭殼的工蟻。∥牠們在空心樹幹與深邃土縫中築巢，飼牧會分泌甜露供給牠們食用的介殼蟲。牠們行動迅捷，每幾秒鐘就改變路線，不斷拐往新的方向，隨時準備攻擊。牠們的受害者是嗷嗷待哺的鰹鳥與軍艦鳥，以及前往大海途中的紅陸蟹。長腳捷蟻在牠們火紅的甲殼上噴灑腐蝕性酸液。這些螃蟹會先失去牠們的視力、隨之是牠們光亮的顏色、三天後是牠們的生命。聖誕島上戰火遍燃。

譯註1：澳大利亞西澳大利亞州的首府。
譯註2：不列顛東印度公司（British East India Company）的船隻「皇家瑪莉號」（Royal Mary）的船長。

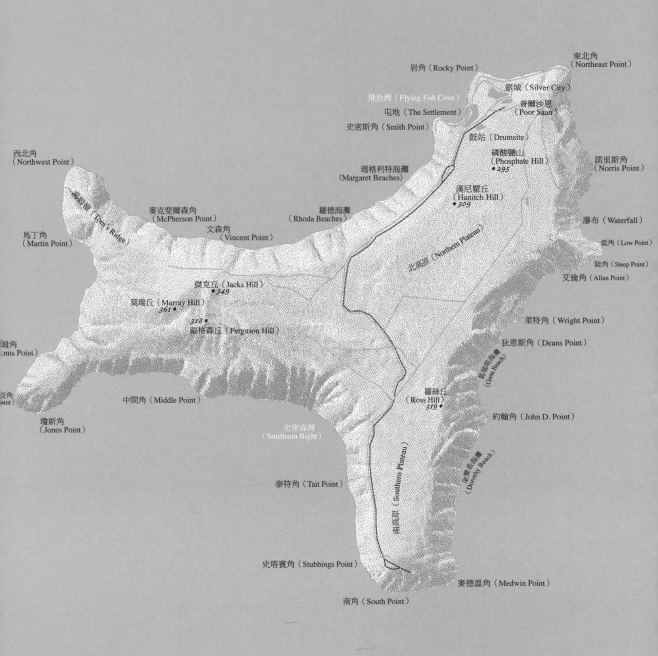

岩角（Rocky Point）

東北角
（Northeast Point）

銀城（Silver City）

飛魚灣（Flying Fish Cove）

普爾沙恩
（Poor Saan）

屯地（The Settlement）

史密斯角（Smith Point）

鼓站（Drumsite）

西北角
（Northwest Point）

磷酸鹽山
（Phosphate Hill）
● 295

諾里斯角
（Norris Point）

瑪格利特海灘
（Margaret Beaches）

漢尼饕丘
（Hanitch Hill）
● 309

羅德海灘
（Rhoda Beaches）

麥克斐爾森角
（McPherson Point）

瀑布（Waterfall）

馬丁角
（Martin Point）

文森角
（Vincent Point）

低角（Low Point）

湯姆斯嶺（Tom's Ridge）

陡角（Steep Point）

北高原（Northern Plateau）

艾倫角（Allan Point）

傑克丘（Jacks Hill）
● 349

萊特角（Wright Point）

莫瑞丘（Murray Hill）
318 ●
● 361

狄恩斯角（Deans Point）

福格森丘（Ferguson Hill）

姆角
oms Point）

綠潭海灘
（Green Beach）

角
int）

中間角（Middle Point）

羅絲丘
（Ross Hill）
319 ●

約翰角（John D. Point）

瓊斯角
（Jones Point）

史密森灣
（Smithson Bight）

多樂西海灘
（Dorothy Beach）

泰特角（Tait Point）

南高原（Southern Plateau）

史塔賓角（Stubbings Point）

麥德溫角（Medwin Point）

南角（South Point）

印度洋
特羅姆林島 法屬印度洋諸島[1]（法國）

法文：Île des Tromelin　舊稱Île des Sables（沙島）
0.8平方公里｜4名短期居民

430公里
----/----/→馬達加斯加（Madagascar）
550公里
----/----/→模里西斯（Mauritius）
2160公里
----/----/----/----/1000----/----/----/----/2000----/→地牙哥加西亞島（52）

布里昂・德拉佛葉列（Briand de la Feuillée）[2]於1722年發現此島

1500　　　　1600　　　　1700　　　　1800　　　　1900　　　　2000

1761年7月31日，「實惠號」船難

一七六〇年十一月十七日，一艘名為「實惠號」（L'Utile）的東印度公司商船駛離法國西南部的巴約訥（Bayonne），目的地是馬斯克林群島（Mascarene Islands）。行經馬達加斯加時，水手上岸補充糧食，讓・德拉法哥（Jean de la Fargue）船長則違反總督命令，帶了六十名奴隸上船，打算將他們帶到法蘭西島（Île de France）——今日的模里西斯，隨同其他貨品販售。然而在前往該島途中，一場暴風雨使「實惠號」偏離航線。它擱淺了，甚至撞上小島暗礁而倏然碎裂。這座海灘邊有幾株棕櫚樹的小島，勉強有兩公里長，八百公尺寬，被稱為沙島。幾乎所有上岸得救的人都受傷，四肢殘缺不全，沒剩幾分人樣。∥這些劫後餘生的人開始用船的殘骸建造小船。船難兩個月後，小船完成了。一百二十二名法國船員勉強擠進小船，許下帶回救援的承諾，離開那些留在島上的奴隸，從此永遠在他們眼前消失。留下來的奴隸自由了。然而，他們的自由只有不到一平方公里大。他們陷入前所未有的囚禁狀態，成為自己求生意志的奴隸。他們生火，掘井，用羽毛縫衣服，抓海鳥、烏龜和海中的貝類動物。許多人絕望至極，乾脆坐上木筏隨浪漂流——不管怎樣，都好過圈圍在一小塊沙地上，聽天由命。剩下的人看守著火。過了十五年，火仍燒著。六十名自由的奴隸只剩七名婦女與一名男嬰。一七七六年十一月二十九日，護衛艦「王妃號」（La Dauphine）發現他們，將他們帶到法蘭西島。在這座沙島上，他們只留下火熄後的炭木以及他們的救命恩人——皇家海軍軍官，護衛艦艦長——的名字：特羅姆林騎士（Chevalier de Tromelin）。

譯註1：法文為Îles éparses de l'océan Indien。
譯註2：法國航海家。

氣象站（Station météo）

堡礁
（Barrière des récifs）

1　　2　　3　　4　　5公里
---/----/----/----/----/

太平洋 *Pacific Ocean*

聖喬治島
St. Georg

阿頼度島
Ostrow Atlassowa

西米索波克諾伊島
Semisopochnoi

硫磺島
Iwo Jima

帕干島
Pagan

塔翁吉環礁
Taongi Atoll

平格拉普島
Pingelap

豪蘭島
Howland Island

巴納巴島
Banaba

塔庫烏環礁
Takuu

提柯皮亞島
Tikopia

普卡普卡島
Pukapuka

納普卡島
Napuke

方加陶法環
Fangatau

小
Ra

諾福克島
Norfolk Island

勞爾島
Raoul Island

對蹠島
Antipodes Island

坎貝爾島
Campbell Island

麥夸利島
Macquarie Island

索科洛島
Socorro •

克利珀頓島
Clipperton Island •

科科島
Cocos Island •

弗羅里亞納島
Floreana •

皮特肯島
Pitcairn Island •

復活節島
Easter Island •

魯賓遜克魯索島
Robinsón Crusoe •

太平洋

納普卡島 失望群島[1]（法屬玻里尼西亞[2]）

玻里尼西亞語：Napuka　亦稱Pukaroa（普卡若亞）　舊稱Wytoohee（維托耶）
8平方公里 | 277名居民

南緯 14° 10'
西經141° 14'

20公里
→北特波多島（Tepoto Nord）

　　　　　　　1000　　　　　　2000　　　　　　3000　　　　　3990公里
----|----|----|----|----|----|----|----|----|----|→夏威夷（Hawaii）

920公里
----|----|----|→方加陶法環礁（72）

斐迪南・麥哲倫（Ferdinand Magellan）可能於1521年1月底首度發現此島

1500　/　　　　1600　　　　　1700　　　　　1800　　　　　1900　　　　　2000
----|----|----|----|----|----|----|----|----|----|----|

1977年啟用機場

他們於一五二〇年十一月二十八日進入大洋，往西北方向航行時，船長斐迪南・麥哲倫宣告：頂多再一個月就能抵達香料群島。然而，很快就沒人相信了。過了數星期都還沒看到任何陸地。這大洋十分平靜，於是他們決定稱它「太平洋」（Mare Pacifico）。他們彷彿駛入了大門敞開的永恆之域。不久，羅盤針已沒有足夠力量指出北方，船員已沒有足夠儲糧可食：特製乾麵包攙了老鼠屎、生了蟲，幾乎只剩碎屑；飲用水已成泛黃、發臭的混濁液。為了活命，他們吃鋸木屑以及罩護船桁的牛皮。他們將硬得像石頭的牛皮浸入海水四五天，泡軟後用炭火烤，才能吞嚥下腹。// 發現船上有老鼠後，一場捕獵行動馬上展開。即使瘦巴巴的，也有人願意以半個金幣（Ducat）買下。有個餓昏頭的人立即將買到手的老鼠生吞下去；有兩名水手為一隻死老鼠大打出手，其中一個甚至拿起斧頭砍死對方。兇手被判五馬分屍，可是沒人有力氣執行這項判決，而乾脆將他掐死、丟下船。// 每當有人死去，麥哲倫就會急忙用帆布包裹屍體縫緊，將之投入海裡，以免他的船員變成食人族。還活著的人確實是以貪婪的眼光瞪視著那些剛嚥下最後一口氣的身體——無論是餓死的或病死的。那種病會讓牙齦出血[3]。// 五十天後，他們終於看到陸地，卻找不到可以下錨的地方，而上了岸的小艇也找不到可以止飢止渴的東西。他們將這座島命名為「失望島」後，繼續他們的航程。船上的抄寫員安東尼奧・皮戈菲塔（Antonio Pigafetta）寫道：「我相信，這樣的航行經歷永遠不會重現。」

譯註1：英文為Disappointment Islands；法文為Îles du Désappointement。
譯註2：法文為La Polynésie française。
譯註3：在此指缺乏維生素C而引起的壞血症。

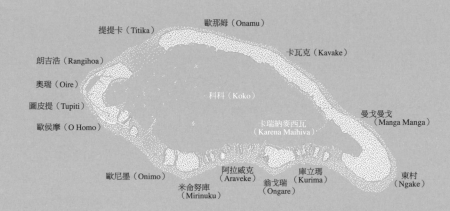

提提卡（Titika）　　　　歐那姆（Onamu）

朗吉浩（Rangihoa）　　　　　　　　　　卡瓦克（Kavake）

奧瑞（Oire）

圖皮提（Tupiti）　　　　　　科科（Koko）

歐侯摩（O Homo）　　　　　　　　　　　　　　　　　曼戈曼戈
　　　　　　　　　　　　　卡瑞納麥西瓦　　　　　　　（Manga Manga）
　　　　　　　　　　　　（Karena Maihiva）

歐尼墨（Onimo）　　　　阿拉威克　　　庫立瑪　　　　東村
　　　　　　　　　　　　（Araveke）　（Kurima）　　（Ngake）
　　　米侖努庫　　　　翁戈瑞
　　　（Mirinuku）　　（Ongare）

1　　2　　3　　4　　5 公里
--/----/----/----/----/

南緯 27° 36'
西經144° 20'

小拉帕島 南方群島[1]（法屬玻里尼西亞）

拉帕語：Rapa Iti　亦稱Rapa｜英文：舊稱Oparo Island（歐帕若島）
40平方公里｜482名居民

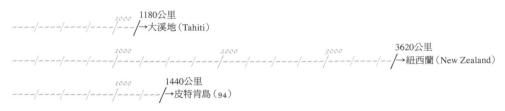

```
----/----/----/----/----/1000/→ 1180公里
                              大溪地 (Tahiti)

----/----/----/----/----/1000/----/----/----/2000/----/----/----/3000/----/3620公里
                                                                        →紐西蘭 (New Zealand)

----/----/----/----/----/1000/→ 1440公里
                              皮特肯島（94）
```

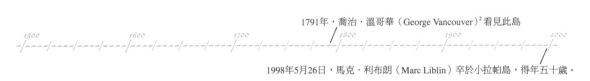

```
                                                          1791年，喬治·溫哥華（George Vancouver）[2]看見此島
----/1500/----/----/----/1600/----/----/----/1700/----/----/1800/----/----/----/1900/----/----/----/2000
```

1998年5月26日，馬克·利布朗（Marc Liblin）卒於小拉帕島，得年五十歲。

在一座位於孚日山（Massif des Vosges）支脈的小城裡，有名六歲男孩正做著奇異的夢。他在夢中學習一個完全陌生的語言。不久，小馬克·利布朗（Marc Liblin）在現實生活中也能流暢地使用此語言，卻不知道這語言來自何方或是否真的存在。∥他是一個孤獨的孩子，有極高的天賦與求知慾。他少年時代的主要糧食是書本，不是麵包。三十三歲時，他離群索居住在布列塔尼（Bretagne）。在那裡，一名雷恩大學（Université de Rennes）的研究員找上他，想解析翻譯他在夢鄉學到的語言。他們花了兩年時間將他那些奇奇怪怪的語音輸入大型電腦，卻是白費工夫。∥他們忽然想到一個主意：一家家走訪海港酒吧裡上岸的水手，問問是否有人曾在哪裡聽過這個語言。在雷恩市（Rennes）一家酒吧裡，馬克·利布朗對一群突尼西亞人（Tunisian）自我介紹後，做了一段獨白。一名站在吧台後、曾在海軍服役的男人忽然打岔說：他聽過這種說話方式，就在玻里尼西亞群島中最孤寂的一座小島上。他還認識一名年紀大一些的女士，講起話來正是這樣的腔調。她是一名士兵的前妻，目前住在郊區一棟便宜的建築物裡。∥與這名玻里尼西亞女子的會面改變了利布朗的一生：嫩樂圖妮·瑪克（Meretuini Make）打開門，他用他的語言跟她打招呼，她馬上以她家鄉古老的拉帕語（Rapa）回應他。∥從未離開過歐洲的馬克·利布朗娶了這位唯一聽得懂他話的女子，並於一九八三年與她一起遷徙到那座講他的語言的島嶼。

譯註1：法文為Îles Australes或Archipel des Australes。
譯註2：英國皇家海軍艦長，十五歲即以見習軍官的身分參與庫克艦長（Captain James Cook）尋找南方大陸的第二次遠航行
　　　動（請參閱→南圖勒群島（42））。

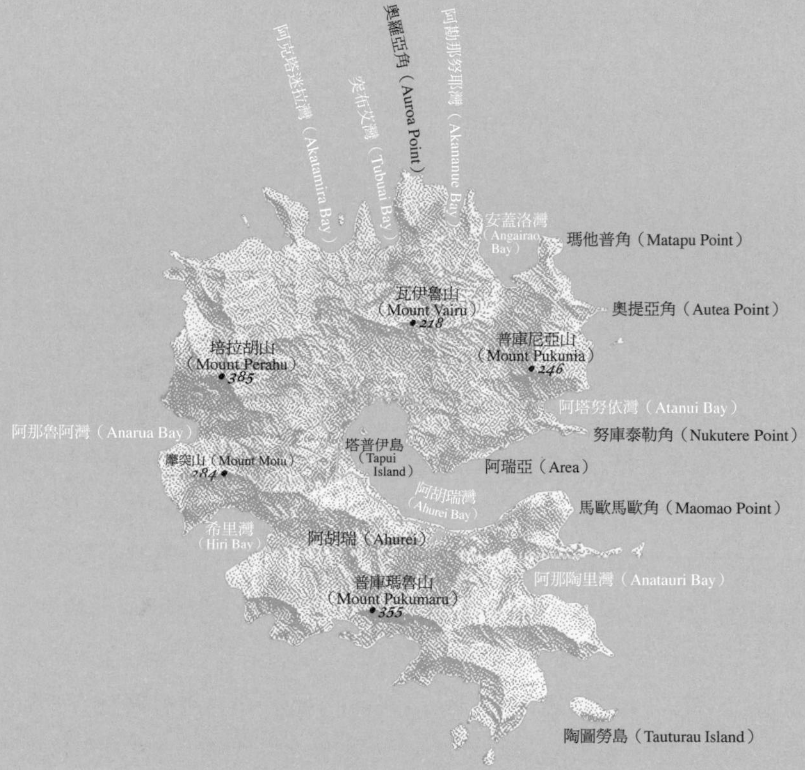

阿瓦阿米拉灣（Akaamira Bay）

奧布埃灣（Tubuai Bay）

奧羅亞角（Auroa Point）

阿勒那努埃灣（Akaranue Bay）

安蓋洛灣
Angairao
Bay

瑪他普角（Matapu Point）

瓦伊魯山
（Mount Vairu）
•218

奧提亞角（Autea Point）

普庫尼亞山
（Mount Pukunia）
•246

塔拉胡山
（Mount Perahu）
•385

阿塔努依灣（Atanui Bay）

努庫泰勒角（Nukutere Point）

阿那魯阿灣（Anarua Bay）

摩突山（Mount Motu）
•284

塔普伊島
（Tapui
Island）

阿瑞亞（Area）

阿胡瑞灣
Ahurei Bay

馬歐馬歐角（Maomao Point）

希里灣
（Hiri Bay）

阿胡瑞（Ahurei）

阿那陶里灣（Anatauri Bay）

普庫瑪魯山
（Mount Pukumaru）
•355

陶圖勞島（Tauturau Island）

1　　2　　3　　4　　5 公里
--|----|----|----|----|

太平洋

魯賓遜克魯索島 斐南得群島[1]（智利）

西班牙文：Robinsón Crusoe　舊稱Isla Más a Tierra（較接近大陸的島）

96.4平方公里｜633名居民

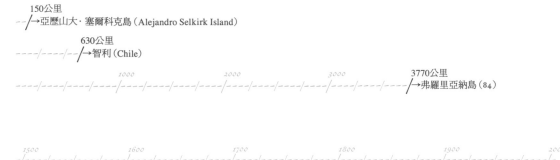

150公里
---/→亞歷山大·塞爾科克島（Alejandro Selkirk Island）

630公里
----/----/--/→智利（Chile）

　　　　　1000　　　　　2000　　　　　3000　　　3770公里
----/----/----/----/----/----/----/----/----/----/→弗羅里亞納島（84）

　1500　　　　1600　　　　1700　　　　1800　　　　1900　　　　2000
---/----/----/----/----/----/----/----/----/----/----/

1704—1708年，亞歷山大·塞爾科克（Alejandro Selkirk）非自願地獨自在此生活

魯賓遜的日記在柏林，「在國立普魯士文化遺產圖書館（Staatsbibliothek Preußischer Kulturbesitz）一處被人遺忘的書架上。」愛丁堡（Edinburgh）國家圖書館的大衛·科德威（David Caldwell）做出如上結論。在這艘書船裡，沒有人閒著；十年來相似的面孔，有的埋在百科全書中，有的坐在最上層樓板，有的在陽台下看著與人等高的地球儀。每張桌子都相當於一座島嶼。大家都是來這兒寫作的——順利時，一天寫滿一頁；不順利時，則整天只寫了半句。∥科德威在魯賓遜克魯索島待了一個月，卻只發現一塊有稜邊、有尖頭的青銅，長一點六公分。他相信，那是亞歷山大·塞爾科克的導航工具——他的兩腳規的零件。而這名被拋棄的海盜在孤寂中寫下的日記，先是落入漢彌爾頓公爵（Duke of Hamilton）手中，再被他的後代隨著其他收藏品一起拍賣給新興起的德意志帝國（Deutsches Käiserreich）。這本日記即為第一部英文寫實小說的原型。作者的策略是將真實的轉化成虛構的：亞歷山大變成魯賓遜；蘇格蘭鞋匠變成來自約克郡（York）、將父親意見當作耳邊風的商人之子；四年又四個月變成二十八年，相當於半個人生。海盜塞爾科克變成大農場主人克魯索，一再讓自己屈服於遠遊他方的慾望，然而一旦抵達目的地，又深切渴望回到家鄉。∥有時候，會有低沉的砰然聲響自書庫傳出。到了晚上，座位一排排空出後，大落地窗的捲簾葉片會繞著自己舞一圈，切碎窗外的空曠廣場景象。手稿區的典藏品會被仔細檢視一次。二〇〇九年二月四日，一位發言人宣告：「前些日子我們翻遍了所有可能相關的目錄清單，都毫無斬獲。我們百分之九十九點九確信，塞爾科克的日記不在我們這裡。」作家的工作還是比考古學家輕鬆。

譯註1：西班牙文為Archipiélago Juan Fernández。

北角（Punta Norte）

西南角（Punta Suroeste）

奧拓山
（Cerro Alto）
•600

沙利納斯角（Punta Salinas）

瑛南勾嶼
（Islote Juanango）

英吉利港
（Puerto Inglés）

阿古斗山
（Cerro Agudo）
•685

•720

聖卡洛斯角（Punta San Carlos）

波特祖艾羅蜂
（Cerro Portezuelo）

聖若翰洗者（San Juan Bautista）

二角灣
（Bahía Tres
Puntas）

三尖山
（Cerro Tres Puntas）
•482

坎伯蘭灣（Bahía Cumberland）

漁夫角（Punta Pescadores）

萊蒙斯角（Punta Lemos）

峻峭帶
（Cordón Escarpado）

維拉格
拉灣
（Bahía Villagra）

卿頤大瓶山
（Cerro Damajuana）
•635

鐵砧山
（Cerro El Yunque）
•915

松果山
（Cerro La Piña）
•604

同基亞斯角
（Punta Tunquillax）

奶嘴灣
（Bahía
Chupones）

白土灣
（Bahía Tierra
Blanca）

維尼亞嶼
（Islote Vinilla）

法蘭西港
（Puerto Francés）

梅瑞達克西亞角
（Punta Meredaxia）

中空角
（Punta Hueca）

長灘（Playa Larga）

教父灣（Bahía Padre）

突內歐斯角（Punta Truneos）

（Punta Isla）

奧希金斯角
（Punta O'Higgins）

劊子手小島
（Islote El Verdugo）

鯨骨角
（Punta Hueso Ballena）

聖克拉拉島（Isla Santa Clara）

弗雷迪角
（Punta Freddy）

1　2　3　4　5公里
--/----/----/----/----/

太平洋

豪蘭島 鳳凰群島[1]（美國）

英文：Howland Island
1.84平方公里｜無居民

她是第一位單人直飛跨越大西洋的女子——從紐芬蘭島（Newfoundland）到北愛爾蘭（Northern Ireland），花了十四小時五十六分鐘，是繼林白（Charles Augustus Lindberg）之後，第二個完成此舉的人。她從洛杉磯飛到紐澤西（New Jersey），從墨西哥城（Ciudad de México）飛到紐華克（Newark），從檀香山（Honolulu）飛到奧克蘭（Oakland）——愛蜜莉亞·厄爾哈特（Amelia Earhart），一名女飛行員，用飛機雲在天空創新紀錄。她在高空中建立了極高的成就。一再成為各項紀錄的第一名女子後，她想挑戰一些還沒有人成功過的：成為第一個沿著地球腰帶環球飛行的人。「我知道其危險性。我要這麼做，因為我想這麼做。」在她準備出發沿赤道飛行兩萬九千英里之前所拍的最後一張相片上，一對看起來差異頗大的搭檔站在她那架銀色流線型雙螺旋槳引擎飛機「洛克西德L-10E伊萊翠」（Lockheed L-10E Elektra）前：愛蜜莉亞·厄爾哈特兩手隨性扠在腰上，飛行夾克拉鍊大敞，頂著鬈髮的頭微偏，嘴唇勾出膽大的微笑，身體修長纖細；旁邊站著她的導航員弗瑞德·努南（Fred Noonan），像個害羞但很勤奮的小女生。∥ 一九三七年七月二日，在所羅門海（Solomon Sea）邊陲，這架飛機從萊城（Lae）的粗短跑道衝上天空，載著足以飛行二十小時的沉重油箱。他們之前已飛行了兩萬兩千英里，只差最後橫跨半個地球的沉默大洋，就等於飛越整個世界了。∥ 離豪蘭島海岸兩千五百五十六英里處，一艘美國海岸警衛隊巡邏艇「伊塔斯卡號」（Itasca），帶著燃料與床鋪等著他們。這座珊瑚環礁很小，單單一朵雲就能遮掩它。七點四十二分傳來厄爾哈特的聲音：「我們應該在你們上空，但無法看到你們。燃料快沒了。」一小時後的新信息說：「我們在157–337線上，順著南北向。」「伊塔斯卡號」上的人都拿著望遠鏡在地平線上搜尋，發送信號。天空不再有回應。愛蜜莉亞·厄爾哈特越過子午線飛向昨日沒多久後，失蹤了。大洋沉默不語。

譯註1：英文為Phoenix Islands。
譯註2：美國捕鯨船船長。

厄爾哈特烽火台
（Earhart Light）

1　　2　　3　　4　　5 公里
---|----|----|----|----|

麥夸利島（澳大利亞）

英文：Macquarie Island
128平方公里｜20至40名短期居民

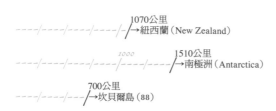

1070公里
----/----/----/----/-/--/→紐西蘭（New Zealand）

1000　　1510公里
----/----/----/----/----/→南極洲（Antarctica）

700公里
----/----/---/→坎貝爾島（88）

1948年5月25日設立研究站

1500　　　1600　　　1700　　　1800　　　1900　　　2000

弗瑞德里克·哈塞爾堡（Frederick Hasselborough）[1]於1810年7月11日發現此島

這塊永遠潮濕的陡峭陸地不是從哪塊大陸分出來的，而是直接從海底深處冒出來的；它是一塊剛好衝出海面的海洋地殼，是一段露出水面的海脊。這裡，在前往南極洲的半路上，南下暖流與北上冷流在此交會，形成亂流漩渦，每次登陸都很驚險。∥「孔雀號」（Peacock）的船員也是殫盡精力後，才於一八四〇年一月成功登上這座島嶼，而且沒弄丟他們的船。他們走遍這塊崎嶇陸地，蒐集稀疏植被的樣品；查爾斯·維爾克斯中尉（Lieutenant Charles Wilkes）的結論是：「麥夸利島沒有什麼能讓人興起探訪之慾。」∥只有獨自往下走到赫爾德角（Hurd Point）的海軍見習官亨利·厄爾德（Henry Eld[2]）有震撼性的感受。所有海灣、所有海灘都有遇難船隻碎片在稀疏草皮下腐爛，船骨殘骸散布在企鵝群中。這島上住著數百萬隻企鵝。儘管他之前就常聽說，無人居住的島嶼都有難以計數的禽鳥聚居，眼前龐大的數量仍讓他無比震驚。整片凹凸不平的丘陵都擠滿了企鵝。他從沒聽過這麼恐怖的咯咯聲與尖叫聲，他做夢都想不到會有哪個羽毛族群能製造出這樣的喧囂。牠們從四面八方圍向他，咬他的褲子，揪他的肉。他向後退，陷入困境。牠們以蒼白的胸腹、陰沉的臉、前傾的利喙圍住這名入侵者。不斷有更多大鳥猶如嚴厲校長以莊嚴步伐筆直逼近，直到亨利·厄爾德的身影在這塊黑白色的場地消失。

譯註1：澳大利亞人，從事海豹狩獵。
譯註2：亨利·厄爾德（1814－1850）以地理學家的身分參與多次美國海軍的遠征考察行動。

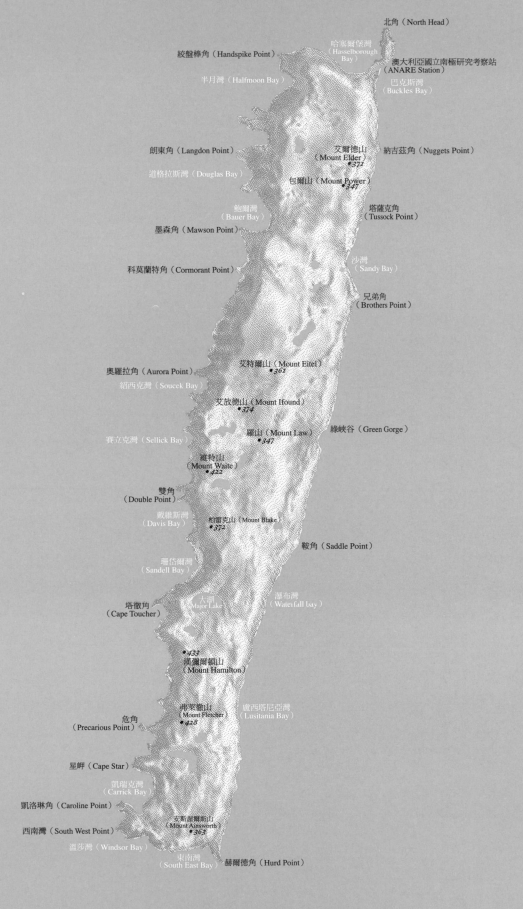

北角（North Head）

哈塞爾堡灣
（Hasselborough
Bay）

絞盤棒角（Handspike Point）

澳大利亞國立南極研究考察站
（ANARE Station）

半月灣（Halfmoon Bay）

巴克斯灣
（Buckles Bay）

朗東角（Langdon Point）

艾爾德山
（Mount Elder）
●371

納吉茲角（Nuggets Point）

道格拉斯灣（Douglas Bay）

包爾山（Mount Power）
●347

鮑爾灣
（Bauer Bay）

塔薩克角
（Tussock Point）

墨森角（Mawson Point）

科莫蘭特角（Cormorant Point）

沙灣
（Sandy Bay）

兄弟角
（Brothers Point）

奧羅拉角（Aurora Point）

艾特爾山（Mount Eitel）
●361

紹西克灣（Soucek Bay）

艾放德山（Mount Ifound）
●374

賽立克灣（Sellick Bay）

羅山（Mount Law）
●347

綠峽谷（Green Gorge）

維特山
（Mount Waite）
●422

雙角
（Double Point）

戴維斯灣
（Davis Bay）

柏雷克山（Mount Blake）
●372

鞍角（Saddle Point）

珊岱爾灣
（Sandell Bay）

塔徹角
（Cape Toucher）

大湖
（Major Lake）

瀑布灣
（Waterfall bay）

●433

漢彌爾頓山
（Mount Hamilton）

弗萊徹山
（Mount Fletcher）
●428

盧西塔尼亞灣
（Lusitania Bay）

危角
（Precarious Point）

星岬（Cape Star）

凱瑞克灣
（Carrick Bay）

凱洛琳角（Caroline Point）

安斯渥爾斯山
（Mount Ainsworth）
●363

西南灣（South West Point）

溫莎灣（Windsor Bay）

東南灣
（South East Bay）

赫爾德角（Hurd Point）

1　2　3　4　5 公里
---/----/----/----/----/

太平洋

方加陶法環礁 土木土群島¹（法屬玻里尼西亞）

玻里尼西亞語：Fangataufa｜英文：舊稱Cockburn Island（科本島）
5平方公里｜無居民

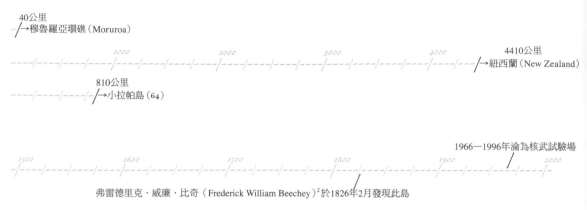

弗雷德里克·威廉·比奇（Frederick William Beechey）²於1826年2月發現此島

殖民地分配完了，兩次世界大戰都贏了。欲成為強權，要有炸彈。第四個戰勝國也加入這項行動：以核武建立自己的國際地位、威嚇他國、證明自己的實力。法國的頭幾顆原子彈是在撒哈拉沙漠（Sahara）引爆的。阿爾及利亞與其沙漠一起獨立後，法國的「打擊力」（Force de frappe）³需要一塊新的荒漠。他們先是想到那座孤孤單單的克利珀頓島，想到有疾風作伴的克格朗群島（Îles Kerguelen），最後卻為其可怕的計畫選了一處如詩如畫的地方，兩座土木土群島的潟湖景觀，以遠離世人耳目：穆魯羅亞（Moruroa）與方加陶法（Fangataufa），兩座無人居住、保有原始蔥鬱自然的珊瑚環礁。// 這些法國人一登上方加陶法環礁，就在北部的陸環上炸出一條通道，以便船隻駛入潟湖，並發送護目鏡與太陽眼鏡給鄰近環礁的短期居民。// 一九六八年八月二十四日，這項大試驗的所有準備工作都完成了，可以引爆法國第一顆氫彈了，它是當時所有被引爆的核彈中最大的一顆，有兩百六十萬噸的爆炸威力——是第一代原子彈的百倍至千倍。一顆氦氣球隨著三噸重的炸彈升到五百二十公尺的高度。有人說這次行動的代號是「老人星」（Canopus）——與夜空中第二亮的恆星同名，這顆星位於遙遠的南方，從法國看不到它，也看不到那顆炸彈在巴黎時間晚上七點三十分的爆炸：天空冒出一巨碩雲朵，拖帶一條盈滿爆破水氣的旋轉尾巴。衝擊波向外延展，在這座潟湖、這座環礁與大海上投下它的環狀陰影，並使大洋激盪起一圈巨浪沖往地平線。// 之後，現場什麼都不剩。沒有房子，沒有裝置，沒有樹木，什麼都沒有。所有人員皆鑑於輻射污染撤離此島。六年內，不許任何人踏上方加陶法環礁。

譯註1：法文為Archipel des Tuamotu。
譯註2：英國海軍軍官暨地理學家。
譯註3：「打擊力」是法國軍事單位「法國核武威嚇力」（Force de dissuasion nucléaire de la France）的民間俗稱。

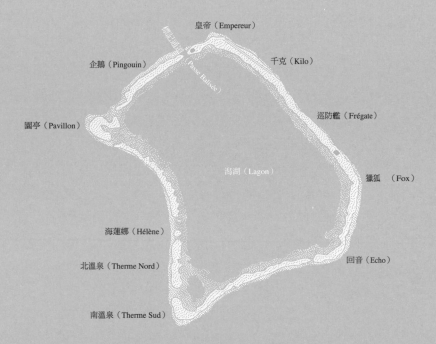

皇帝（Empereur）

企鵝（Pingouin）　　　　　　千克（Kilo）

Passe Balisée

巡防艦（Frégate）

園亭（Pavillon）

潟湖（Lagon）

獵狐　（Fox）

海蓮娜（Hélène）

北溫泉（Therme Nord）

回音（Echo）

南溫泉（Therme Sud）

|1　　2　　3　　4　　5 公里
|---|----|----|----|----|

阿賴度島　北千島群島[2]（俄國）

俄語：Ostrow Atlassowa｜日語：Araido-tō
119平方公里｜無居民

70公里
-/→堪察加半島（Kamtschatka）

1000　　　1370公里
----/----/----/----/----/→札幌市（Sapporo）

1000　　　1650公里
----/----/----/----/----/→西米索波克諾伊島（96）

1950年代初成為女囚流放殖民地

1500　　　1600　　　1700　　　1800　　　1900　　　2000

這座島嶼的俄語名稱不是源自擎天神阿特拉斯（Atlas），而是來自哥薩克人（Cossack）[3]。其實它不過是一座孤單的山，比這列群島所有其他小島都來得高，還露出一些黑色海灘。∥這座山，被千島群島原住民阿依努人（Ainu）稱為「阿賴度」（Alaid），比富士山（Fuji）還美。冬天，像糖霜般的白雪覆蓋在灰色玄武岩山峰上。這座火山是一串分散島嶼所構成的火環（Pacific Ring of Fire）中最北的一座，有四萬至五萬年的歷史，其勻稱外型特別引人注目。∥傳說它原本立於堪察加半島南方的庫頁湖（Kurile Lake），又高又大的身影使所有鄰峰都處在它的陰影下，其他山岳對此感到不滿而找它吵架；其實真正的癥結是：它們非常嫉妒它完美的形貌。這場爭吵讓它很鬱悶，覺得有必要放棄這塊位於群山之間的世襲地。於是它展開長途旅行，最後遠遠地休憩於大海中。∥然而，為紀念它在庫頁湖的時光，它留下了一根「肋骨」（阿依努語：Uchi）；俄羅斯人則認為它將哀傷的「心」（俄文：Сердце）遺留在此。不管是什麼，這座錐狀岩嶼從此立於湖中央。∥奧澤奈幽河（Ozernaia）是它在這趟無奈旅程中一路留下的痕跡。當年它起身出發時，湖水也翻湧而上追隨它。這是一條細長的藍色臍帶，聯繫它與它的家鄉，這座自我放逐的山岳。

譯註1：俄語為Okhotskoye More。
譯註2：英文為Northern Kuril Islands。
譯註3：發現此島的探險家弗拉狄米爾・阿特拉索夫（Vladimir Atlasov）是西伯利亞哥薩克人。

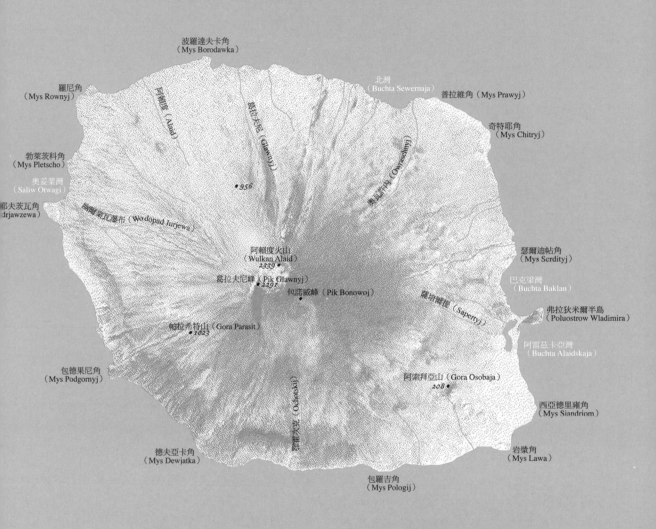

波羅達夫卡角
（Mys Borodawka）

羅尼角
（Mys Rownyj）

河賴度（Alaid）

阿賴度（Alaid）

葛拉夫尼（Glawnyj）

北灣
（Buchta Sewernaja）

普拉維角（Mys Prawyj）

奇特耶角
（Mys Chitryj）

勃萊茨科角
（Mys Pletscho）

奧娃業灣
（Saliw Otwagi）

耶夫茨瓦角
（drjawzewa）

幽爾萊瓦瀑布（Wodopad Jurjewa）

奧瓦什尼（Owraschnyj）

• 956

阿賴度火山
（Wulkan Alaid）
2339 •

葛拉夫尼峰（Pik Glawnyj）
• 2291

包諾威峰（Pik Bonowoj）

悉爾迪帖角
（Mys Scrdityj）

巴克梁灣
（Buchta Baklan）

薩珀爾捷（Sapertyj）

弗拉狄米爾半島
（Poluostrow Wladimira）

帕拉希特山（Gora Parasit）
• 1023

阿雷茲卡亞灣
（Buchta Alaidskaja）

包德果尼角
（Mys Podgornyj）

阿索拜亞山（Gora Osobaja）
208 •

西亞德里雍角
（Mys Siandriom）

奧珍斯克（Ochenskii）

德夫亞卡角
（Mys Dewjatka）

岩漿角
（Mys Lawa）

包羅吉角
（Mys Pologij）

1　　2　　3　　4　　5公里
-- /---- /---- /---- /---- /

塔翁吉環礁 拉塔克礁鏈[1]（馬紹爾群島[2]）

馬紹爾語：Taongi Atoll　亦稱Bokak Atoll｜英文：舊稱Gaspar Rico（嘉斯帕里科）或
Smyth Island（史密斯島）　3.2平方公里｜無居民

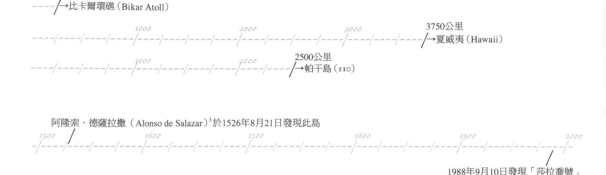

280公里
┄┄┄／→比卡爾環礁（Bikar Atoll）

1000　　　　　2000　　　　　3000　　　　3750公里
┄┄／┄┄／┄┄／┄┄／┄┄／┄┄／┄┄／┄┄／→夏威夷（Hawaii）

1000　　　　　2000　　　2500公里
┄┄／┄┄／┄┄／┄┄／┄┄／→帕干島（110）

阿隆索・德薩拉撒（Alonso de Salazar）[3]於1526年8月21日發現此島
1500　　　　　1600　　　　　1700　　　　　1800　　　　　1900　　　　　2000
┄／┄／┄／┄／┄／┄／┄／┄／┄／┄／┄／┄／┄／

1988年9月10日發現「莎拉喬號」

史考特・穆爾曼（Scott Moorman）是在聖佛南多谷（San Fernando Valley）長大的。他小時候，看著電視影集《天堂歷險記》（*Adventures in Paradise*），就常夢想在夏威夷生活。一九七五年他離開美國大陸，遷徙至茂伊島（Maui）[4]東岸的小村落納西庫（Nahiku）。這裡適用夏威夷作息時間：天氣宜人時，不宜工作。一九七九年二月十一日星期日早上也是這樣的天氣，海洋平靜無波，天空清澈，幾乎無雲。史考特與四個朋友決定出海釣魚。他們為船艇馬達買了新的火星塞，為冰箱買了啤酒與汽水，為即將上鉤的魚買了冰。十點左右，他們越過海灣口上的石嶼，將他們五公尺長的馬達快艇「莎拉喬號」（Sarah Joe）駛向南方。他們戴著太陽眼鏡，披著長髮，蓄著八字鬍。有人捲起第一根大麻菸。∥正午時分起風了，剛過午間就轉成強風，傍晚已有颶風在整座島嶼咆哮，摧殘沿岸，鞭笞海洋。巨浪高達數公尺，豪雨下不停。∥傍晚五點有人通報「莎拉喬號」失蹤。海岸防衛隊派一架直升機與一架飛機冒著暴風雨搜尋，可是視線太差。搜尋範圍逐日擴大。海岸防衛隊出航五天後放棄了，他們的家屬又繼續努力了一星期。什麼也沒找到。沒有這些男人的蹤跡，沒有船的碎塊。∥過了九年半，有一名搜尋員暨海洋生物學家約翰・諾頓（John Naughton），在塔翁吉環礁——馬紹爾群島中最北端、最乾燥的珊瑚環礁，距離夏威夷以西三千六百公里處——發現一艘船的殘骸橫陳於海灘上。玻璃纖維船體掛著夏威夷船隻註冊碼。它是「莎拉喬號」。∥緊鄰殘骸邊，有一具浮木捆成的十字架立在一座用石頭堆成的簡陋墳墓上。幾根骨頭顯露在沙堆外；經檢驗後，證實為史考特・穆爾曼的遺骨。是誰把他埋在這兒的？其他人在哪兒？此謎至今無解。

譯註1：英文為Ratak Chain。
譯註2：英文為Marshall Islands。
譯註3：西班牙探險家。
譯註4：夏威夷群島中的第二大島。

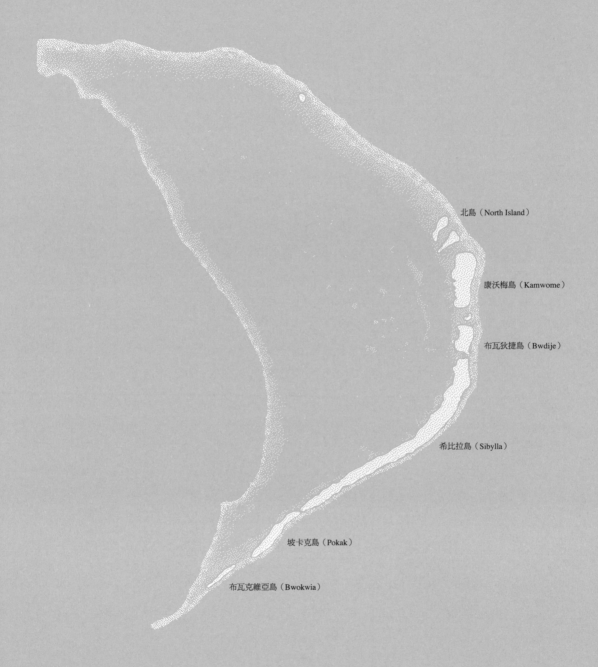

北島（North Island）

康沃梅島（Kamwome）

布瓦狄捷島（Bwdije）

希比拉島（Sibylla）

坡卡克島（Pokak）

布瓦克維亞島（Bwokwia）

諾福克島（澳大利亞）

英語：Norfolk lsland｜諾福克語：Norfuk Ailen

34.6平方公里｜2128名居民

```
740公里
----/----/----/→紐西蘭（New Zealand）
         1000        1390公里
----/----/----/----/----/--/→澳大利亞（Australia）
         1000              1850公里
----/----/----/----/----/----/----/--/→提柯皮亞島（108）
```

詹姆斯・庫克（James Cook）[1]於1774年10月10日發現此島　　1825—1855年，再度成為囚犯流放殖民地

```
1500        1600        1700    /    1800  /        1900        2000
-/----/----/----/----/----/----/----/----/----/----/----/----/-
                              1788—1813年，首度成為囚犯流放殖民地
```

被流放到這座天堂般的島嶼，對任何犯人而言，都是最可怕的處罰。沒有人能逃離這地獄返鄉。這些囚犯垂著視線，僵著嘴巴說話。他們在露天礦區工作，或在沿岸礁石上剝取水面下珊瑚壁的石灰岩。再怎麼辛苦的工作都好過單獨監禁。中午有馬鈴薯泥和玉米，外加硬得像皮革的醃肉，以及從桶子舀出的水。晚上有特別料理給那些還有半絲反抗態度的人：以俗稱「九尾貓」的鞭子狠狠抽打到昏迷為止。∥一八四〇年五月二十五日星期一，這天是英國女王的生日。海港船隻鳴放二十一響禮砲，每一砲響代表一歲。剛任職數星期的新指揮官亞歷山大・麥肯諾奇（Alexander Maconochie）艦長安排了慶祝活動：所有人都能自由出入！囚犯與守衛都覺得難以置信。沒有鍊子，沒有防範措施。每扇大門都敞開著。眾人一起舉杯恭祝遠方的女王政躬康泰，喝下攙了幾滴蘭姆酒的潘趣酒（Punch）[2]。∥指揮官信步省視門戶大開的牢房，囚犯在山崗上閒蕩、在杉林間漫遊。晚上所有人都聚集在一起享用「戶外晚餐」。有新鮮的豬肉，外加煙火與餘興節目——那些囚犯排練演出《理查三世》（*The Tragedy of King Richard III*）其中一幕場景。一名囚犯像小孩般興奮地跳起號笛舞，另一名唱著歌劇《安達魯西亞城堡》（*The Castle of Andalusia*）[3]最受喜愛的詠嘆調「狼之歌」：「當那匹狼夜晚出來狩獵，／對著明月呼號，／緊拴房門是無謂的反抗，／女人尖叫也求不到救援。／安靜！否則馬上去見你們的命運之神，／你們的鑰匙、你們的珠寶、現鈔與金條。／門鎖、門閂、門杠很快就會化成碎塊！／接下來就是抓起步槍，搶劫，掠奪。」∥唱完國歌後，號角聲響起。所有人都回到他們的牢房與營房。這一天未發生任何事故。

譯註1：請參閱→南圖勒群島（42）。
譯註2：一種用酒、果汁、香料等調配的飲料。
譯註3：愛爾蘭演員暨劇作家約翰・奧基夫（John O'Keeffe, 1747－1833）的作品。

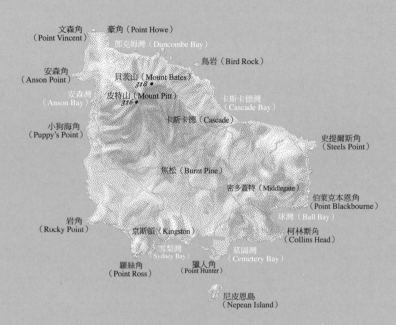

文森角
（Point Vincent）　豪角（Point Howe）

鄧克姆灣（Duncombe Bay）

鳥岩（Bird Rock）

安森角
（Anson Point）

貝茨山（Mount Bates）
318

安森灣
（Anson Bay）

皮特山（Mount Pitt）
316

卡斯卡德灣
（Cascade Bay）

卡斯卡德（Cascade）

小狗海角
（Puppy's Point）

史提爾斯角
（Steels Point）

焦松（Burnt Pine）

密多蓋特（Middlegate）

伯萊克本恩角
（Point Blackbourne）

球灣（Ball Bay）

岩角
（Rocky Point）

京斯頓（Kingston）

柯林斯角
（Collins Head）

雪梨灣
（Sydney Bay）　　墓園灣
（Cemetery Bay）

羅絲角
（Point Ross）　獵人角
（Point Hunter）

尼皮恩島
（Nepean Island）

菲力浦島
（Philip Island）

1　　2　　3　　4　　5公里

太平洋

南緯 10°53'
西經165°51'

普卡普卡島（庫克群島[1]）

英文：Pukapuka　亦稱Danger Island（危險島）

3平方公里｜600名居民

700公里
----/----/---→薩摩亞（Samoa）

1000　　1300公里
----/----/----/----/----/-/→拉洛東加島（Rarotonga）[2]

1000　　　　　　　　　2000　　　2680公里
----/----/----/----/----/----/----/----/----/---→納普卡島（62）

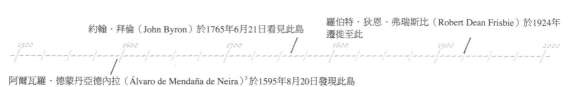

約翰・拜倫（John Byron）於1765年6月21日看見此島

羅伯特・狄恩・弗瑞斯比（Robert Dean Frisbie）於1924年遷徙至此

1500　　　1600　　　1700　　　/　　1800　　　1900　　　/　　2000

阿爾瓦羅・德蒙丹亞德內拉（Álvaro de Mendaña de Neira）[3]於1595年8月20日發現此島

羅伯特・狄恩・弗瑞斯比坐在普卡普卡島貿易站的陽台上。他的背後佇立著半個村落，前面有幾間小屋散落在海灘上。孩子在淺水灘中玩耍，老婦在輕柔晚風中用斑蘭葉編製帽子，出現在地平線上的獨木舟載著漁夫歸來。// 忽然有個鄰居匆匆向他跑來。她身無寸縷，全身濕答答，頭髮黏在棕黃色的皮膚上，氣喘噓噓地跟他要個小瓶子時，乳房跟著上下晃動。弗瑞斯比很快遞予她要的東西。當她消失於夕陽下時，他久久無法移開追隨那身影的視線，莫名地興奮起來。儘管已在這裡住了幾年，他仍然不習慣裸露。在這一點，他全然還是來美國自克利夫蘭（Cleveland）的男孩，從沒想像過這樣的隨心所欲。普卡普卡島上沒有人在意一個女子結婚時是否仍是處女，他們的語言根本沒有描述這種生理狀態的字。一個未婚生子的女人會受到更多尊重，甚至更有機會踏入婚姻，因為她已向未來的丈夫證明了她的生育能力。入夜後，三座村落的年輕男女聚集在外側海灘上。他們在那裡扭打、跳舞、唱歌、交歡。超過兩人在一起是很平常的事。性愛是一場遊戲，不容爭風吃醋。前戲與後戲時要唱歌；在這方面，代溝出現了：老一輩的婦女宣稱唱歌既是前戲也是後戲的要素，年輕一代則堅持後戲時才加入歌聲。有一點他們的意見倒是一致：歡合之際，不該唱歌。歡愛後，男女一起在海中戲水、沐浴。// 在這方面，普卡普卡島還是有勝過克利夫蘭之處──羅伯特・狄恩・弗瑞斯比如是想著，關掉陽台的燈。

譯註1：英文為Cook Islands，是紐西蘭的自由聯合區。
譯註2：隸屬庫克群島。
譯註3：西班牙航海家。

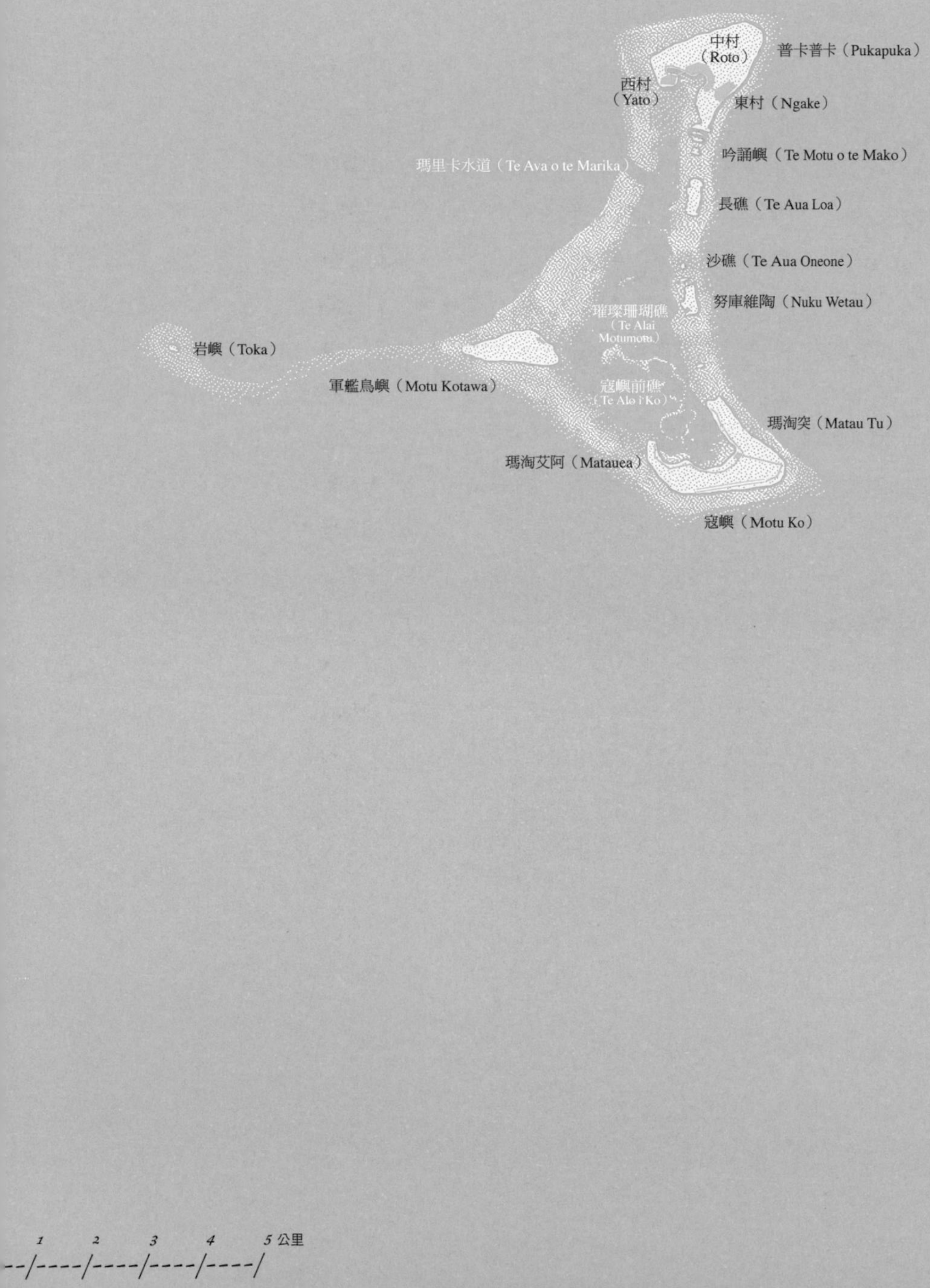

中村
（Roto）　　普卡普卡（Pukapuka）

西村
（Yato）　　東村（Ngake）

瑪里卡水道（Te Ava o te Marika）　　吟誦嶼（Te Motu o te Mako）

長礁（Te Aua Loa）

沙礁（Te Aua Oneone）

努庫維陶（Nuku Wetau）

璀璨珊瑚礁
（Te Alai
Motumotu）

寇嶼前礁
（Te Alai i Ko）

岩嶼（Toka）

軍艦鳥嶼（Motu Kotawa）

瑪淘突（Matau Tu）

瑪淘艾阿（Matauea）

寇嶼（Motu Ko）

1　　2　　3　　4　　5 公里
--|----|----|----|----|

對蹠島（紐西蘭）

南緯 49° 41'
東經178° 46'

英文：Antipodes Island 原稱Isle Penantipode（鄰近對蹠點之島）
21平方公里｜無居民

```
                        740公里
----/----/----/→紐西蘭（New Zealand）

           1000            2000    2370公里
----/----/----/----/----/----/----/----/--/→南極洲（Antarctica）

           1000            2000    2270公里
----/----/----/----/----/----/----/----/--/→勞爾島（100）
```

```
   1500        1600        1700        1800        1900        2000
--/----/----/----/----/----/----/----/----/----/----/----/----/----/--
                                        /
        亨利・華特豪斯（Henry Waterhouse）於1800年3月26日發現此島
```

　　這座島嶼的名字源自擁有一個祕密分身的慾望——那個分身住在地球的另一邊，腳跟我們的腳相對，頭倒掛，靠萬有引力附著在同一顆球體上。跟我們對蹠的人住在同一條經線、反向相對的緯線上，寒暑、晝夜與我們相反：嚴冬造訪我們時，我們的對蹠點有盛夏；這裡正午時，對蹠點剛好半夜。可是，對蹠島上並沒有住人，只有幾隻海獅與長著一簇鮮豔羽毛的企鵝逗留在岩石間。這塊陸地幾乎分毫不差地坐落在格林威治（Greenwich）的對蹠點上——亨利・華特豪斯（Henry Waterhouse）船長自傑克遜港（Port Jackson）駛向英國的途中發現此群島時，計算出這樣的結論。這處映射之地宛如不列顛群島（British Isles）的迷你分身。他的出生地倫敦（London）與這裡的距離，無論擇取哪條航線，都跟北極與南極之間的距離一樣長。這裡是離世界中心最遠之處；英格蘭與這個地方是同一球體直徑——一條穿越地心的假想線——的兩端。// 然而，分身的概念在此無法成立，這塊陸地與他的家鄉差異太大了。它多得是山，卻沒有樹；氣候陰冷刺骨、常有暴風肆虐，缺乏灣流的輕柔氣息。被帶來這裡的牛群很快就死在淡黃色的大草原上。崎嶇沿岸的洞穴不斷迴盪著雷鳴般的怒濤聲。

博蘭斯島（Bollons Islands）

210

垂直海角
北角（North Cape）（Perpendicular Head）

錨地灣（Anchorage Bay）
礁角（Reef Point）
向風群島　　奧德里斯島　　北原　　　　史黛拉灣（Stella Bay）
（Windwards Islands）（Orde Lees Islet）（North Plains）　火山口灣（Crater Bay）

珈羅韋山
（Mount Galloway）　警戒灣（Alert Bay）
穴角（Cave Point）　凹地　　*366*
　　　　　　　　（Depression）　　　　背風島
斯位克灣（Stack Bay）中央高地　　　　（Leeward Island）
（Central Plateau）
　　　361
華特豪斯山
（Mount Waterhouse）
環頸鳩灣（Ringdove Bay）

信天翁角
南灣　　（Albatross Point）
（South Bay）

1　2　3　4　5公里
--|----|----|----|----|

南緯 1°18'
西經90°26'

弗羅里亞納島 加拉巴哥群島[1]（厄瓜多）

西班牙文：Floreana　亦稱Santa María（聖馬利亞）｜英文：舊稱Charles
173平方公里｜100名居民

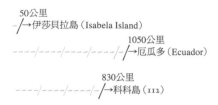

50公里
└→伊莎貝拉島（Isabela Island）

1050公里
└→厄瓜多（Ecuador）

830公里
└→科科島（112）

托馬斯・德貝爾琅納（Tomás de Berlanga）[2]於1535年3月發現此島　　　　　　　　1929年開始有德國人定居於此

1500　　　1600　　　1700　　　1800　　　1900　　　2000

1793年在北部海灣設立郵件轉遞站

出場人物：朵蕾・史特勞斯（Dore Strauch）——女教師，追尋比繼續留在年紀大自己一倍的中學校長身邊更好的生活。弗雷德里克・李特（Friedrich Ritter）博士——柏林牙醫，額頭有深紋，不時輕眨眼睛，想畫出人腦結構詳圖，對文明世界已感厭膩。這兩人於一九二九年離開他們的配偶，前往一個沒有政府、只需遵守生存法則的地方。// 場景：一座所有殖民行動都失敗的孤島。在一處翠綠的死火山山口上，弗雷德里克與朵蕾建立了他們的「弗里多」（Frido）農莊，用波狀鐵皮與不鏽鋼造了一間小屋，耕作了一甲地。// 他們在自己的隱居地裡不需要衣物，除非有人來訪——首先是那些被報紙上的「加拉巴哥的亞當與夏娃」故事吸引而來的好奇人士，隨後是仿效者。「很難相信，我們這麼難以到達的小地方，竟會這麼常有訪客。」// 一九三二年一名新移民踏上這座露天劇場：來自奧地利的艾露伊絲・華格納－布斯凱（Eloise Wagner de Bousquet），自稱男爵夫人，一名有大牙、細眉的交際花，宣稱要在島上蓋一棟專門招待百萬富翁的豪華旅館，帶來了牛、驢、雞、八十公擔水泥和兩個情人：羅倫茲（Lorenz）——頭髮淡黃色的纖瘦小夥子，以及飛利普森（Philippson）——魁梧有力的壯漢，兩名任她隨意指使的奴隸。這名男爵夫人很快就扮演起女王的角色，欺壓李特等人，以鞭子與左輪手槍執政，折磨她的男僕羅倫茲，故意打傷動物以體驗照料牠們恢復健康的樂趣。旅館沒有蓋起來：這棟「天堂莊園」（Hacienda Paradiso）不過是一張繫在四根椿柱上的篷布。// 最後這齣笑鬧劇淪為偵探劇：一九三四年，男爵夫人與飛利普森消失得無影無蹤，羅倫茲的骨骸出現在鄰島海灘上，李特博士死於肉毒桿菌中毒。只有朵蕾回到柏林家鄉。世界各地的報紙為這樁加拉巴哥事件提出各種推測：兇手是誰？

譯註1：西班牙文為Islas Galápagos。
譯註2：巴拿馬（Panama）第四任天主教主教。一四八七年出生於西班牙索里亞省（Provincia de Soria）的貝爾琅納德杜羅鎮（Berlanga de Duero）。

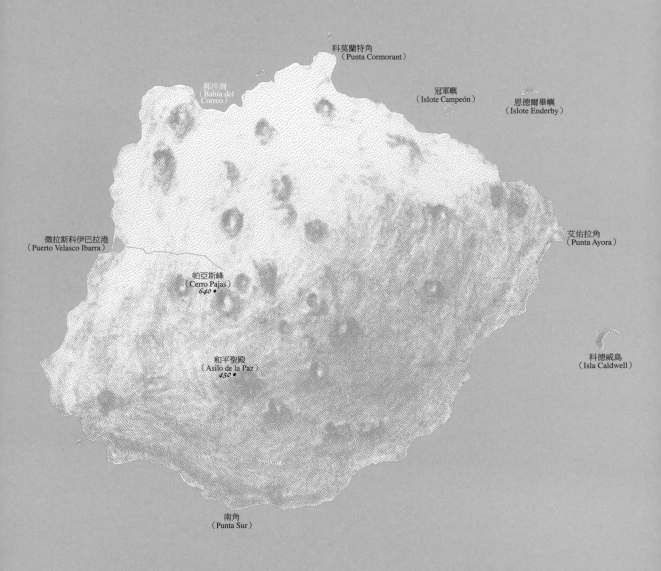

科莫蘭特角
（Punta Cormorant）

郵件灣
（Bahía del
Correo）

冠軍嶼
（Islote Campeón）

恩德爾畢嶼
（Islote Enderby）

微拉斯科伊巴拉港
（Puerto Velasco Ibarra）

艾佑拉角
（Punta Ayora）

帕亞斯峰
（Cerro Pajas）
640 ●

和平聖殿
（Asilo de la Paz）
450 ●

科德威島
（Isla Caldwell）

南角
（Punta Sur）

1　2　3　4　5公里
/----/----/----/----/

巴納巴島（吉里巴斯共和國[1]）

英文：Banaba　亦稱Ocean Island（大洋島）
6.5平方公里｜301名居民

290公里
----/--/→諾魯（Nauru）

440公里
----/----/→吉爾伯特群島（Gilbert Islands）

1550公里
----/--/----/----/----/----/→豪蘭島（68）
　　　　　　1000

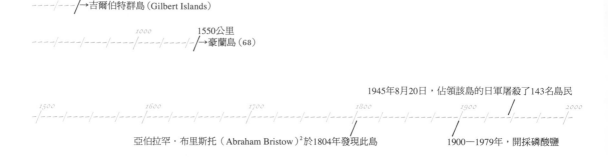

1945年8月20日，佔領該島的日軍屠殺了143名島民

1500 　　1600 　　1700 　　1800 　　1900 　　2000

亞伯拉罕·布里斯托（Abraham Bristow）[2]於1804年發現此島　　　1900—1979年，開採磷酸鹽

巴納巴島民最重要的工具是用野生杏木以及有尖角的龜殼做成的。島民藉之將顏料刺入皮膚底層，顏料是由椰殼灰、鹽巴及淡水調和而成的深色漿糊。花紋樣式有嚴格的規定：只能用單一或雙重的直線或曲線繪出羽狀圖案。從頭到腳，幾乎整個身體都要刺青——為來日前往另一個世界預作準備。∥亡魂走向西方時，鳥頭女身的奈伊卡拉瑪庫娜（Nei Karamakuna）會擋在路上，向他索取她最愛的食物：他皮膚上的圖案。以她強而有力的鳥喙從他的四肢與頭部啄出顏料後，她會送他一對靈眼作為謝禮，以便他順利找到陰間入口。沒有紋身的人會被她啄出眼睛，從此永遠盲目遊蕩於迷途中。∥巴納巴島民不埋葬死者。他們讓屍體留在屋舍內，直到肉身腐朽，再於大海中清洗骨骸。頭與軀體分開保存：軀骨置於屋舍下，頭顱置於陽台石塊下。年輕男子喜歡在陽台上跟軍艦鳥玩——一邊跳舞一邊拿石子丟擲這些溫馴的鳥，直到牠們再也無法走動，雙翅平癱在地板上。∥事實上，這座島嶼是這些鳥建造起來的。牠們在露出海面的平緩礁岩上築巢，留下屎糞沉積於海面下的礁岩間，變成磷灰石。數公尺厚的磷灰石層逐漸突露出海面，成為擁有最純的磷酸鹽礦的島嶼。

譯註1：太平洋上的一個島國。「吉里巴斯」（Kiribati）是該國三大群島當中最大的吉爾伯特群島之密克羅尼西亞語
　　　（Micronesian languages）音譯，讀作/kiribas/。
譯註2：英國捕鯨船「大洋號」（Ocean）的船長。

塔皮瓦（Tabwewa）

塔比昂（Tabiang）

86

奧馬（Ooma）

莉莉恩角
（Lilian Point）

主灣
（Home Bay）

雪梨角
（Sydney Point）

太平洋

坎貝爾島（紐西蘭）

英文：Campbell Island
113.3平方公里｜無居民

```
                    1000              1900公里
----/----/----/----/----/----/----/----/→南極洲（Antarctica）

          660公里
----/----/----/→紐西蘭（New Zealand）

          730公里
----/----/----/→對蹠島（82）
```

```
                                                      1995年10月15日關閉氣象站
1500          1600          1700          1800          1900          2000
----/----/----/----/----/----/----/----/----/----/----/----/----/----/----/
```

弗瑞德里克・哈塞爾堡[1]於1810年1月4日發現此島

一八七四年十二月八日，天空拉上雲幕，深夜時分氣象多變且多霧。∥在這裡觀察到金星凌日起始的機會是百分之六十，看到它結束的機會是百分之三十。這是賈克曼（Jacquemart）船長一年前所做出的結論。他幾乎整個十二月都待在這座島嶼上，研究這裡的氣候，挑選一處適合這項觀察行動的地方。∥這項結論讓法國科學院（Académie des sciences）決定到這裡來觀察這個天文現象。六月二十一日，一支獲得政府充分資助的遠征隊伍，在水利工程師安納多・布凱德拉格里（Anatole Bouquet de la Grye）的率領下，從馬賽港（Marseille）出發。∥隱藏在霧氣中的坎貝爾島終於在九月九日露面時，這隊人馬對它的第一印象是：很淒涼。一塊乾燥的陸地，沒有樹的蹤影，北部高原上有一絡絡黃草，南部有奇形怪狀的山巔，中間是毅力峽灣（Perseverance fjord）。∥十二月九日早上颳起西北風，在十點左右帶來一場陣雨，天空一片灰暗，直到溫暖的太陽蒸散濃霧，繼而亮出蒼白的圓盤。金星上場前五分鐘，風勢減弱。布凱德拉格里透過子午儀的目鏡瞄到太陽邊緣出現模糊暗影時，不禁歡呼吆喝：金星！然而一大片烏雲隨即掩蔽了這個百年一次的景象，超過十五分鐘之久。等它終於飄移開時，那顆行星已經遮了一半的太陽。它的輪廓很清楚，沒有光折，也沒有光環。不過這段明晰時刻只維持了二十秒。∥之後，什麼都沒了。一層層霧氣湧升，再也無法窺見日盤。數小時後，天空終於明朗時，金星早已消失。

譯註1：請參閱→麥夸利島（70）的譯註1。

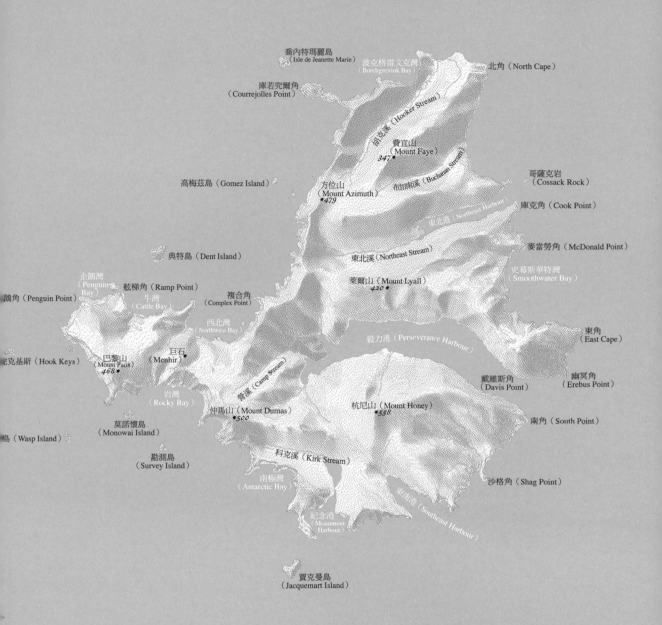

喬內特瑪麗島
（Isle de Jeanette Marie）

波克格雷文克灣
（Borchgrevink Bay）

北角（North Cape）

庫若究爾角
（Courrejolles Point）

胡克溪（Hooker Stream）

費宜山
（Mount Faye）
347

布加南溪（Bucharan Stream）

哥薩克岩
（Cossack Rock）

高梅茲島（Gomez Island）

方位山
（Mount Azimuth）
479

庫克角（Cook Point）

東北港（Northeast Harbour）

麥當勞角（McDonald Point）

典特島（Dent Island）

東北溪（Northeast Stream）

史幕斯華特灣
（Smoothwater Bay）

企鵝灣
（Penguin's Bay）

舷梯角（Ramp Point）

萊爾山（Mount Lyall）
420

鵝角（Penguin Point）

牛灣
（Cattle Bay）

複合角
（Complex Point）

東角
（East Cape）

胡克基斯（Hook Keys）

西北灣
（Northwest Bay）

毅力港（Perseverance Harbour）

巴黎山
（Mount Paris）
468

巨石
（Menhir）

營溪（Camp Stream）

戴維斯角
（Davis Point）

幽冥角
（Erebus Point）

島（Wasp Island）

岩灣
（Rocky Bay）

仲馬山（Mount Dumas）
500

杭尼山（Mount Honey）
558

南角（South Point）

莫諾懷島
（Monowai Island）

勘測島
（Survey Island）

科克溪（Kirk Stream）

沙格角（Shag Point）

南極灣
（Antarctic Bay）

東南港（Southeast Harbour）

紀念港
（Monument Harbour）

賈克曼島
（Jacquemart Island）

1 2 3 4 5公里
---/----/----/----/----/

太平洋

平格拉普島 加羅林群島[1]（密克羅尼西亞[2]）

平格拉普語：Pingelap　亦稱Pelelap或Pingerappu To｜英文：舊稱Musgrave（瑪斯葛瑞夫島）
或MacAskill Island（麥克斯基爾島）　1.8平方公里｜250名居民

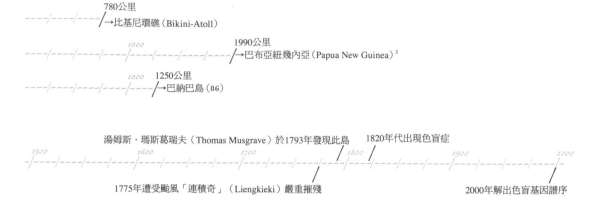

780公里
----/----/---- /→比基尼環礁（Bikini-Atoll）

1000　　　　　　1990公里
----/----/----/----/----/----/----/→巴布亞紐幾內亞（Papua New Guinea）[3]

1000　1250公里
----/----/----/→巴納巴島（86）

湯姆斯·瑪斯葛瑞夫（Thomas Musgrave）於1793年發現此島　　1820年代出現色盲症

1500　　　1600　　　1700　　　1800　　1900　　　2000

1775年遭受颱風「連積奇」（Liengkieki）嚴重摧殘　　　　　2000年解出色盲基因譜序

這裡連豬都是黑白的，彷彿是造物主特別為他們——七十五名看不出顏色的平格拉普島民——而造的。夕陽的豔紫色彩，大海的蔚藍色彩，成熟木瓜亮麗的鉻黃色彩，麵包樹、椰子樹與水筆仔這些茂密叢林一年四季都一樣濃綠的色彩，他們全都無法辨識。∥罪魁禍首是八號染色體細微的突變以及數百年前在此島肆虐的颱風「連積奇」。當年有非常多平格拉普島民直接死於那場風災以及隨後的飢荒，最後只倖存約二十人。其中一人帶有色盲隱性基因，該基因很快就普遍存在於其近親體內。今日有百分之十的平格拉普島民是全色盲。在其他地區這類色盲的比率低於三萬分之一。∥他們有一些共同的外觀特徵：低垂的頭，不斷地眨眼，常緊瞇、輕顫的眼睛，一再蹙眉縮小視角而在鼻梁上方形成的皺紋。他們迴避光線與白晝，常要等到天色昏暗時才出門，屋舍窗戶貼滿色彩鮮豔的箔紙。在黑暗中，他們很活躍，動作比別人靈敏。∥其中有很多人宣稱能清楚回憶每場夢，有些人說能看見深水中成群的魚，能看見魚群纖細的鰭反射出微弱的月光。∥儘管他們的世界是灰色的，但他們一再強調能看到正常色覺者所看不到的東西、察覺不到的亮度與色調的多樣性。他們很厭惡那些讚揚華麗色彩的無聊言論，在他們眼中，那些色彩只會使人忽視重點——豐富多樣的形狀與陰影以及結構與對比。

譯註1：英文為Caroline Islands。
譯註2：英文：Micronesia。
譯註3：全名：巴布亞紐幾內亞獨立國，其英文為The Independent State of Papua New Guinea。

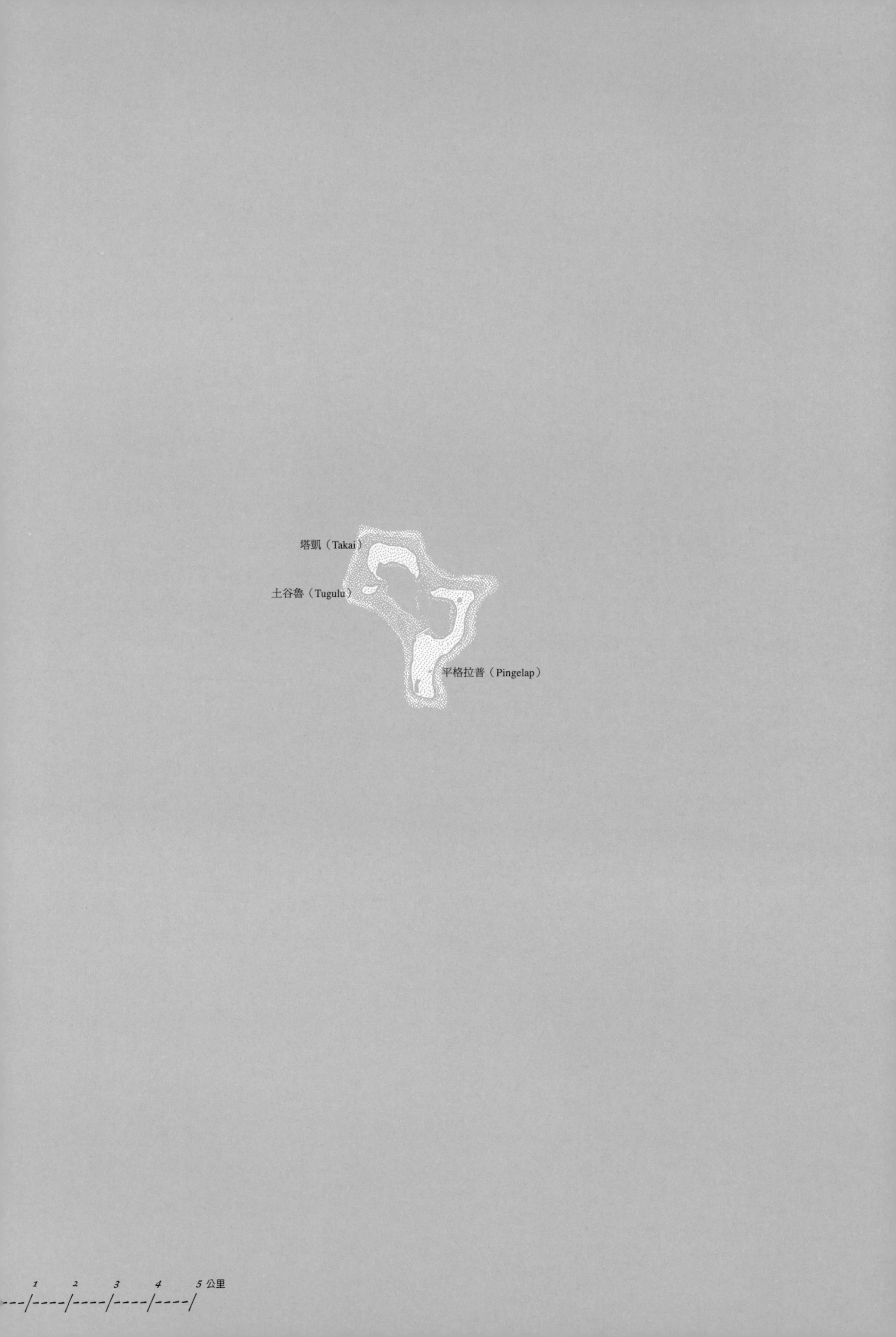

塔凯（Takai）

土谷鲁（Tugulu）

平格拉普（Pingelap）

1　　2　　3　　4　　5公里
|----|----|----|----|----|

復活節島（智利）

南緯 27° 9'
西經109° 25'

西班牙文：Isla da Pascua｜大拉帕語：Rapa Nui　亦稱Te Pit o te Henua（世界軸心）
163.6平方公里｜3791名居民

```
-------|-------|-------|-------|-------|-------|-------|-------|-------|->智利（Chile）
      1000    2000    3000                          3690公里

-------|-------|-------|-------|-------|-------|-------|-------|-------|->大溪地（Tahiti）
      1900    2900    3900    4900                  4190公里

-------|-------|-------|-------|-------|-------|-------|-------|-------|->魯賓遜克魯索島（66）
      1000    2000            2970公里
```

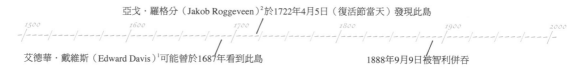

亞戈・羅格分（Jakob Roggeveen）[2]於1722年4月5日（復活節當天）發現此島

```
-------|-------|-------|-------|-------|-------|-------|-------|
      1500    1600    1700    1800    1900    2000
```

艾德華・戴維斯（Edward Davis）[1]可能曾於1687年看到此島　　　　1888年9月9日被智利併吞

難怪達爾文不在這裡停留。動植物都很稀少，與美妙的加拉巴哥群島的豐富物種相去甚遠——獨木舟要划數個星期才能抵達。// 曾經在此島茂密繁衍的巨大棕櫚樹到底有多高，現在已沒有人知道。從其樹幹流出的汁液會發酵成甜酒，它們的木材可造舟筏，也可做成搬運雕像的繩索。// 這些沒有脖子、眼睛深凹、耳朵碩長的巨大石像居住在海岸邊，皮膚呈現風化痕跡，嘴巴扭曲像個倔強的小孩。它們是火山凝灰岩雕成的守衛，迎著海風的背部長滿青苔。眾人舉行節慶時，它們以白色珊瑚眼瞪視著棕櫚樹林。// 復活節島的十二氏族比賽雕塑一個比一個巨大的石像，還會趁深夜偷偷將別族的石像推倒。他們過度開發這塊土地，連最後幾株樹木也要砍伐，名副其實地鋸斷自己端坐其上的枝幹——毀了自己的生存根基——開始步向終點：有的死於外來的天花感染，有的在自己的土地淪為奴隸——欲將此島改造成牧羊農莊的租賃客將他們當成奴僕支配。數萬的島民最後只剩一百一十一名。棕櫚樹沒了。石雕守衛躺倒在地上。// 考古學家將這些石像重新豎起，搜索遺跡。他們挖尋種子，翻揀垃圾堆，蒐集骨骸與焦黑木塊，嘗試破解以牛耕式轉行書寫法鐫刻的「朗格朗格」（Rongorongo）[3]符號，試著從石化的臉孔解讀出這裡發生了什麼事。// 今日，這塊由七十座火山造成的荒涼陸地長不出樹木了。取而代之的是一座龐大的飛機著陸場，大到可供一架太空梭緊急著陸。這是地球可能面臨的結局實例，是一連串不幸狀況導致的自我毀滅，是一隻在太平洋中載沉載浮的旅鼠。

譯註1：以牙買加（Jamaica）為據點的海盜，一六八〇至一六八八年打劫了很多艘西班牙船隻，襲掠西班牙海港。
譯註2：荷蘭航海家暨探險家。
譯註3：大拉帕氏族祭司們在木板上所鐫刻的符號，被認為可能是文字或類文字。「朗格朗格」意為「會說話的木頭」。

北角（Cabo Norte）

聖胡安角
（Punta San Juan）

卡莱塔安納肯納
（Caleta Anakena）

羅薩莉雅角
（Punta Rosalia）

培羅希灣
（Bahía de la Pérouse）

奧希金斯角
（Cabo O'Higgins）

泰勒瓦卡山
（Maunga Terevaka）
•507

普希峰（Cerro Puhi）
•302

普阿卡提克山
（Maunga Puakatike）
370•

陶塔拉嶼
（Isolte Tautara）

拉諾拉拉庫火山
（Volcán Rano Raraku）

波伊克（Poike）

胡圖伊提
（Hutuiti）

馬羅提里
礁嶼
（Motu Marotiri）

羅格分角
（Cabo
Roggeveen）

歐圖兀山
（Maunga O Tu'u）
300•

庫克角
（Punta Cook）

魁大多角
（Punta Cuidado）

漢加洛
（Hanga Roa）

圖兀塔普峰
（Cerro Tuutapu）
270•

寇吉
（Koga）

維里
（Veri）

歐里托山
（Maunga Orito）
•220

巴哈角
（Punta Baja）

雷東達角
（Punta Redonda）

本內普錨地
（Rada Benepu）

拉諾卡歐火山
（Volcán Rano Kao）

積積里羅阿角
（Punta Kikiri Roa）

南角（Cabo Sur）

（Motu Nui）

1　2　3　4　5公里
|---|----|----|----|----|

南緯 25° 3'
西經130° 6'

皮特肯島（英國）

英文：Pitcairn Island｜皮特肯語：Pitkern Ailen
4.5平方公里｜48名居民

480公里
----/---->甘比爾群島（Gambier Islands）

1000　　　　　　2000 2120公里
----/----/----/----/----/----/----/-->大溪地（Tahiti）

3000　　　　　　2070公里
----/----/----/----/----/----/----/-->復活節島（92）

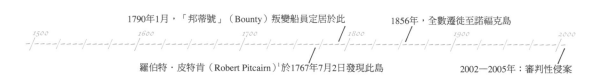

1790年1月，「邦蒂號」（Bounty）叛變船員定居於此　　　　1856年，全數遷徙至諾福克島

1500　　　1600　　　1700　　　1800　　　1900　　　2000
--/----/----/----/----/----/----/----/----/----/----/--

羅伯特・皮特肯（Robert Pitcairn）[1]於1767年7月2日發現此島　　　2002－2005年：審判性侵案

沒有什麼地方比這座島嶼更適合作為藏身之處——遠離經貿路線，而且在海軍部地圖上的位置有誤。他們叛變了，合不合理，且留待後世判決。對這些男人、對那些被他們從大溪地拐走的女人，返鄉的可能性都不存在。在英國，他們會被關進牢獄；在皮特肯島，他們是被排除在外。「留在這裡，不過是另一種死法。」晚上跟著同伴坐在火堆旁的弗萊徹・克里斯辰（Fletcher Christian）如是說道。當夜兩名船員放火把「邦蒂號」燒了，斷絕回鄉上絞架的可能性。「邦蒂號」的大副克里斯辰成為第二場叛變的受害者。隨後還有更多場叛變。 //
「我想探索，在那場叛變後，那些船員是怎麼了。他們登上皮特肯島後的兩年間為什麼互相殘殺？是什麼樣的人類天性，會讓男人即使身處一座天堂般的島嶼仍舊好施暴力？我是對這一點感興趣。」說了這番話的馬龍・白蘭度（Marlon Brando）特地簽約確認，他有權參與一段電影場景的美術監督。那是克里斯辰臨死的場景：他躺在那裡，只看得到頭；被單直拉到他的下巴，遮掩了被火燙灼的傷口。臉龐汗水淋漓，滿是烏黑炭漬，睜大的雙眼在黑暗中發亮，眉頭上下顫動。馬龍・白蘭度的雙唇微微抖動地詢問：他——弗萊徹・克里斯辰——是否要死了。稍早，這人還是一名滿頭髮油、噴了香水的高傲男子，一名身處南洋的花花公子，穿著絲質睡袍或戴著花俏領飾，發出尖細嗓音，耳後夾一枝粉紅花朵，在七十釐米的全景中閒蕩，一再忘了他苦練的英國口音。現在，他說：「這一切，全是一場空。」臉孔凝結，視線中斷。攝影鏡頭轉移，燃燒中的「邦蒂號」沉入漆黑大海。華麗帷幕徐徐合上。這部史上耗資最鉅的電影就此結束。故事本身可還長得很。

譯註1：英國海軍候補軍官。

楊恩岩
（Young's Rocks）

西港
（Western Harbour）

克里斯辰角（Point Christian）

嗯親愛的（Oh Dear）

亞當斯敦（Adamstown）

邦蒂灣（Bounty Bay）

347

聖保羅角（St Paul's Point）

重索
（Down Rope）

陶塔瑪
（Tautama）

太平洋｜白令海[1]

西米索波克諾伊島 老鼠群島[2]（美國）

俄語：Semisopochnoi（有七座山崗）｜阿留申語：Unyax（山地）或Hawadax
221.7平方公里｜無居民

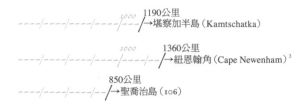

1000　1190公里
----/----/----/----/----/----/→堪察加半島（Kamtschatka）

1000　1360公里
----/----/----/----/----/----/→紐恩翰角（Cape Newenham）[3]

850公里
----/----/----/----/→聖喬治島（106）

維圖斯・白令（Vitus Bering）[4]於1741年發現此島

1500　　　　1600　　　　1700　　　　1800　　　　1900　　　　2000
--/----/----/----/----/----/----/----/----/----/----/----/----/----/----/----/----/----/----/-

聽起來像巫師咒語，俄語名，但隸屬美國的島嶼：西米索波克諾伊——可能是美國最西端的
領土。關於這點，沒有人會想去確認。這裡真的沒有什麼稱得上重要。從沒有人在此居住
過；也沒有理由這麼做。偶爾會來幾名專家蒐集石塊，測量火山口，拍攝幾張能將山脈像電
影一樣呈現出來的全景相片。幾隻北極狐在樹叢中嬉戲，瞪視這些稀罕的訪客良久，未對這
些不明生物產生畏懼。牠們穿著無瑕的深藍色毛皮。這塊擁有七座山崗的陸地不過是一顆跳
離隊伍的珠子，是從鎖鍊脫落下來的一塊環片，連接兩塊洲陸，一個真正偏僻的地方，稍後
被當作新世界般地探索。∥在這裡，在這條環太平洋火山帶上，地球逕自與自己對話，絕大
部分的時候沒有被人注意。一再爆發的火山活動沒礙到任何人。其中，刻耳柏洛斯山（Mount
Cerberus）[5]最為活躍。它頂著三個尖峰守衛這塊貧瘠山地，這塊被永遠陰沉的天空染成紫色的
陸地。有些火山口偶爾會釋出一縷縷煙霧，不過這些也可能只是徘徊在山峰間的雲層。

譯註1：英文為Bering Sea。
譯註2：英文為Rat Islands。
譯註3：位於阿拉斯加（Alaska）的西南岸。
譯註4：服役於俄國海軍的丹麥探險家。
譯註5：「刻耳柏洛斯」的字面意思為「黑暗中的惡魔」，是希臘神話中看守冥界入口的惡犬。赫西厄德（Hesiod）在《神
　　　譜》（*Theogony*）中說此犬有五十個頭，而後來的一些藝術作品則大都表現牠有三個頭（可能是為了便於雕刻所
　　　致）。

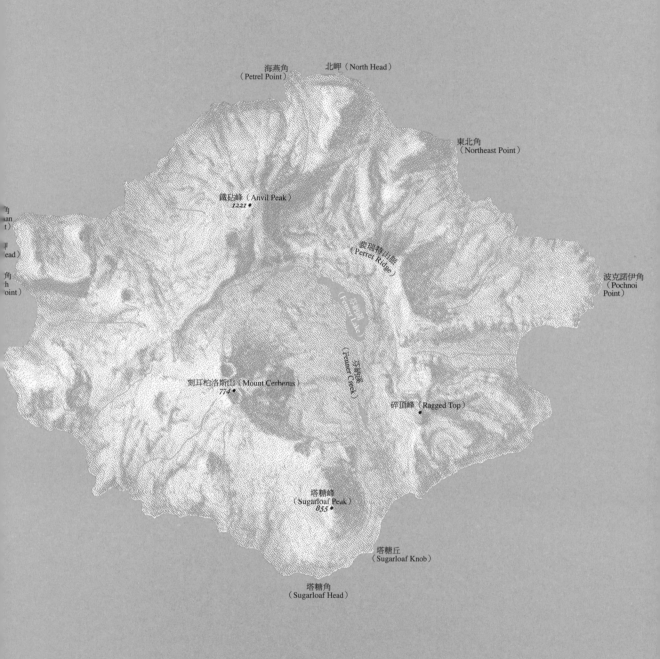

海燕角
（Petrel Point）

北岬（North Head）

東北角
（Northeast Point）

鐵砧峰（Anvil Peak）
1221

裴瑞特山脈
（Perret Ridge）

波克諾伊角
（Pochnoi
Point）

芬納湖
（Fenner Lake）

芬納溪
（Fenner Creek）

刻耳柏洛斯山（Mount Cerberus）
774

碎頂峰（Ragged Top）

塔糖峰
（Sugarloaf Peak）
855

塔糖丘
（Sugarloaf Knob）

塔糖角
（Sugarloaf Head）

1   *2*   *3*   *4*   *5* 公里
--/----/----/----/----/

太平洋
克利珀頓島（法國）
法文：Île Clipperton或Île de la Passion（熱情島）
1.7平方公里｜無居民

1080公里
→墨西哥（Mexico）

2260公里
→加拉巴哥群島（Galápagos Islands）

950公里
→索科洛島（102）

1892—1897年，海洋磷酸鹽公司（Oceanic Phosphate Company）[2]在此開採鳥糞石

馬當·沙西昂（Martin de Chassiron）與米歇爾·杜博凱奇（Michel du Bocage）[1]於1711年4月3日（耶穌受難日當天）發現此島

阿卡普科（Acapulco）[3]的船不來了。一艘美國巡洋艦帶來消息：戰火蔓延整個世界，墨西哥正處於混亂局面。他們被遺忘了。他們的將領被撤職了。// 整座島嶼沒有半株草。四五棵棕櫚樹下躺著十幾頭瘦弱小豬，是那批流落於此的豬隻後代。他們以椰子蟹維生。島上有數百萬隻這種寄居蟹，每踏出一步，都會踩到橘紅硬殼。他們的總督拉蒙·德阿爾諾艦長（Capitán Ramón de Arnaud）巡視島嶼時，總伴隨喀嚓喀嚓聲響。他總是穿著奧地利正式軍裝，他的夫人則穿著高貴的長袍，鑽石在她的雙手、脖頸上閃耀。這一天，他宣布：「不需撤離。命令就是命令。」他們必須繼續駐屯於此：十四名男人、六名女人、六名小孩。沒有船來。沒有來自阿卡普科、也沒有來自其他地方的船。儲糧快見底了。壞血症爆發：牙齦流血，傷口化膿，肌肉萎縮，四肢無力，心臟衰竭。他們將死者深埋地底，以免螃蟹向屍體下手。// 這名總督再也無法忍受海鳥的尖叫聲、大海的浪潮聲。有一天，他相信自己看到了船隻，便划著小船出海去。他，以及隨行的所有士兵，都淹死在大海中。現在，島上只剩一名男子：昔日的燈塔守衛韋多利亞諾·阿爾瓦雷茲（Victoriano Álvarez）。他自命為王——克利珀頓之王，將所有婦女視為妃妾，任意強暴、弒殺，如此統治該島將近兩年。// 一九一七年七月十七日，這些婦女用榔頭將他打死，毀容洩恨。在這同時，地平線上浮現出一艘船。婦女與小孩拚命向它招手，聞到鮮血氣味的螃蟹則往燈塔行進。一艘救生艇在「磷酸鹽公司」的舊碼頭靠岸，倖存的四名婦女與她們的幼兒隨之離開這世界上最孤寂的珊瑚環礁。潟湖上橘紅色的蟹環，「美國軍艦約克頓號」（USS Yorktown）駛離很久都還看得到。

譯註1：分別為法國巡防艦「公主號」（La Princesse）與「發現號」（La Découverte）的艦長。
譯註2：美國公司。鳥糞石曾是氮、磷元素的主要來源，可用來生產火藥，因而成為西方強國爭奪的重要戰略資源。
譯註3：墨西哥南部位於太平洋沿岸的港口。

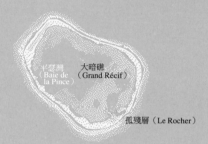

半愛灣
（Baie de
la Pince）

大暗礁
（Grand Récif）

孤殘層（Le Rocher）

太平洋

勞爾島 克馬德群島[1]（紐西蘭）

南緯 29° 16'
西經177° 55'

英文：Raoul Island　舊稱Sunday Island（星期日島）
29.4平方公里｜10名短期居民

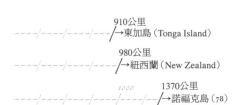

910公里
-----/----/----/---/→東加島（Tonga Island）

980公里
-----/----/----/----/→紐西蘭（New Zealand）

1000　1370公里
-----/----/----/---|---/→諾福克島（78）

1964年11月21日，火山爆發

1500　*1600*　*1700*　*1800*　*1900*　*2000*
-----/----/----/----/----/----/----/----/----/----/----/-

喬瑟夫・布魯尼・東特卡斯托（Joseph Bruny d'Entrecasteaux）[2]於1793年3月18日發現此島　　　　1937年，設立自然保護區

紐西蘭的自然與歷史環境保護局（Department of Conservation）每年都會送一名員工到這座無人居住的島嶼住一年。有九名志工會陪他或她待上半年，一起度過夏天或冬天。然而，「不是每個人都適合待在如勞爾島這麼一座孤寂的島嶼。」該局的相關資訊手冊提醒有興趣者要慎重考慮。「在此過活，是需要一些特殊才能的。他或她得發揮實務技能，因為這裡的工作無所不包，從拔除雜草到維護蹊徑，從整修屋舍到烘烤麵包。」//「這項勞爾島志工活動，提供認識一座擁有獨特生態系的偏僻島嶼的機會，但也充滿挑戰。這個地區的火山活動很頻繁，地震是日常瑣事，地形崎嶇陡峭，大部分的工作都很耗費精力又很單調。例如，在此主要任務之一是根絕所有非原生植物。」//「一旦抵達現場，就別無選擇，只能留下來。郵件只能靠難得經過的紐西蘭皇家空軍（RNZ Air Force）飛機或私人船隻帶來。最近的緊急事故救護站，要花二十四小時才能到達。」//「勞爾島志工要有很強的適應力，具備冒險精神，能自得其樂，懂得珍惜小組合作的工作機會。」//「應徵者必須有良好體質，而且能毫無困難地從一座沒有蹊徑的崎嶇林地走出來。有攀登經驗與手工天賦更好。」//「應徵書請寄至：自然與歷史環境保護局／郵政信箱474／渥克渥斯[3]／紐西蘭。」

譯註1：英文為Kermadec Islands。
譯註2：法國航海家。
譯註3：英文為Warkworth，位於紐西蘭北島（North Island）。

紐金特島（Nugent Island）

納皮爾島（Napier Island）

哈欽森斷崖
（Hutchinson Bluff）

氣象站
（Meteorological
Station）

易蓋利亞岩
（Egeria Rock）

邁爾群島
（Meyer Islands）

赫拉德群嶼（Herald Islets）

藍湖
（Blue Lake）

珊瑚灣（Coral Bay）

•455
普克科胡
（Pukekohu）

龜灣（Turtle Bay）

登罕灣
（Denham Bay）

278•
朱迪思火山渣
（Judith Tephra）

熔岩角（Lava Point）

展望（Prospect）

•516
慕姆凱
（Moumoukai）

威爾森角（Wilson Point）

•498

史密斯斷崖（Smith Bluff）

米爾恩群嶼
（Milne Islets）

納須角（Nash Point）

達西角（D'Arcy Point）

1   2   3   4   5公里
---/----/----/----/----/

太平洋

索科洛島 雷維希赫群島¹（墨西哥）

西班牙文：Socorro　亦稱Isla Santo Tomás（聖托馬斯島）　舊稱Isla Anublada（多雲島）
132.1平方公里│250名居民

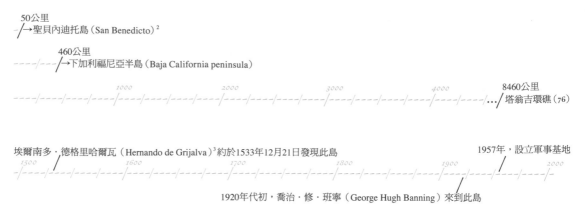

50公里
├→聖貝內迪托島（San Benedicto）²

460公里
┤---├→下加利福尼亞半島（Baja California peninsula）

1000　　　　2000　　　　3000　　　　4000　　　8460公里
├---├---├---├---├---├---├---├---├---├---├---├---├---├-...┤塔翁吉環礁（76）

埃爾南多·德格里哈爾瓦（Hernando de Grijalva）³約於1533年12月21日發現此島　　　　1957年，設立軍事基地

1500　　1600　　1700　　1800　　1900　　2000
├---├---├---├---├---├---├---├---├---├---├-

1920年代初，喬治·修·班寧（George Hugh Banning）來到此島

他們進入布雷什威特灣（Bahía Braithwaite）時，眼前的島嶼猶如拴緊門窗的房子。水無生息。熔岩孤殘層下以及灌木叢生的山崗下，潮濕的石灘泛著冷光。晚上，一名船員稍微逛了一下這座島嶼，意志消沉地回來，彷彿看到什麼令人感到絕望的東西。//第二天，「風帆二號」（Velero II）的二號舵手喬治·修·班寧一大清早就出發探索此島，獨自在這塊乾涸陸地上漫遊。他在一塊高地上看到羊群，牠們發現有人入侵，隨即驚慌衝下山坡，在叢林間消失。牠們是捕鯨人在這裡放生的羊群後代，已經野化了。牠們在哪兒飲水？美國海軍部給的資訊說，索科洛島沒有水源。班寧追隨牠們，在灌木叢中開出一條路，走進數公尺高的荊棘、碎裂的樹幹與枯萎的葡萄藤所構成的迷宮。每一步都伴隨著斷裂聲與撞擊聲，一斷裂聲伴隨一道擦痕，一撞擊聲伴隨一陣顛簸，每一次失足都會在膝蓋、小腿、雙手添上仙人掌刺。他不時得雙膝著地爬過粗糙的矮樹叢，攀越梨果仙人掌多刺的枝枒。沒多久他就陷在灌木叢深處，完全無法穿透，不可能有羊來過。班寧環顧周遭。這不叫森林了，這是荒生野林。光線無法穿透濃密樹葉，這裡永遠是昏暗的。枝葉間似乎有巨蛇在蠕動，每一株光禿樹木都像在戲仿一隻被折磨的生物，赤裸裸的怪物從四面八方逼向他。地獄想必就是這副模樣。班寧忽然覺得在迷亂中看到自己的影像，慌得猛然抓起他的尖刀奔跑起來，被恐懼包圍，被絕望鞭使，踩碾所有橫亙路上的東西，奮力掙扎衝出這座原始林，直到終於又站在空地上──氣喘噓噓，傷痕累累，面目全非。

譯註1：英文為Revillagigedo Islands。
譯註2：雷維希赫群島的第三大島。無人居住。
譯註3：西班牙航海家，將此島命名為聖托馬斯島（Isla Santo Tomás）。

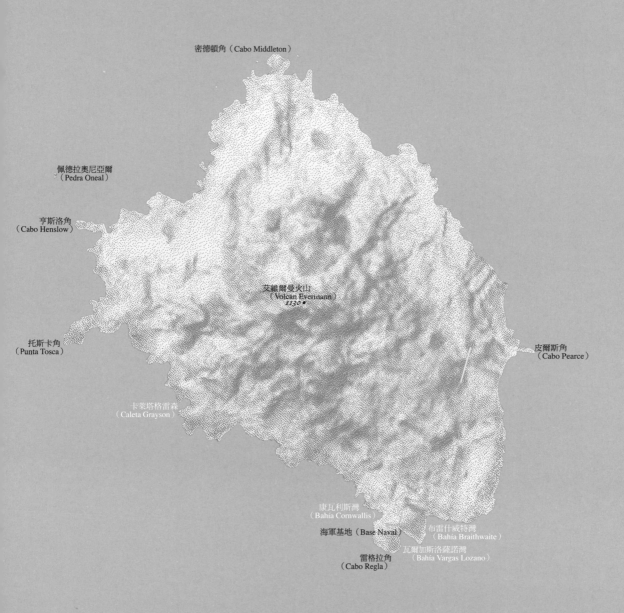

密德頓角（Cabo Middleton）

佩德拉奧尼亞爾
（Pedra Oneal）

亨斯洛角
（Cabo Henslow）

艾維爾曼火山
（Volcan Everimann）
1130

托斯卡角
（Punta Tosca）

皮爾斯角
（Cabo Pearce）

卡萊塔格雷森
（Caleta Grayson）

康瓦利斯灣
（Bahía Cornwallis）

布雷什威特灣
（Bahía Braithwaite）

海軍基地（Base Naval）

瓦爾加斯洛薩諾灣
（Bahía Vargas Lozano）

雷格拉角
（Cabo Regla）

1   2   3   4   5 公里
---|----|----|----|----|

太平洋

硫磺島 火山列島[1]（日本）

日語：Iōtō（硫磺島）｜英文：Iwo Jima　舊稱Sulphur Island（硫磺島）

23.2平方公里｜370名短期居民

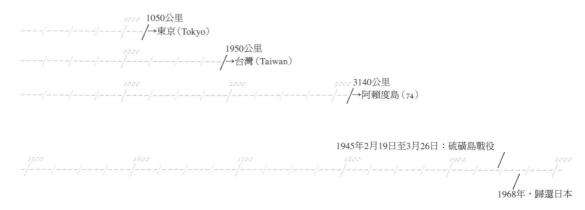

1000 1050公里
----/----/----/----/---/----/----/---/--→東京（Tokyo）

1000 1950公里
----/----/----/----/---/----/----/---/--→台灣（Taiwan）

1000　　　　*2000*　　　　*3000* 3140公里
----/----/----/----/---/----/----/---/--→阿賴度島（74）

1945年2月19日至3月26日：硫磺島戰役

1500　　*1600*　　*1700*　　*1800*　　*1900*　　*2000*
--/----/---/----/----/---/----/----/----/---/----/----/----/---/--

1968年，歸還日本

地平線傾斜，天空昏暗——布滿烏雲，或是地雷與炸彈爆炸的煙霧。在摺鉢山（Suribachi-yama）上，六名士兵將一根旗杆插入殘骸碎片充斥的地面，將之奮力豎起；沒有臉孔的形體靠在一起，一個單腳屈膝於殘礫堆上，一個隻手抓向天空。喬·羅森塔爾（Joe Rosenthal）[2]按下快門：一九四五年二月二十三日零點零四秒的一剎那，造就了史上最有名的戰爭攝影。∥他們把生命獻給遙遠祖國的國旗；這是充滿勇氣之舉，悲壯地為國家執行任務：星星與條紋，藍、白、紅，右手放在左胸。美國人佔領了最高點，一個風乾的火山渣錐體，一百六十九公尺高，位於一座渺小島嶼南部；這座島嶼忽然成了戰略要地——像一艘沉不了的航空母艦，足以在日後供轟炸機起飛、降落，且鄰近敵人本土。∥這是預先告捷的相片。當時，島嶼尚未攻克，戰役還沒打贏。敵人埋伏隱藏在火山地底下，從坑穴丟出手榴彈。這座由上千個人工隧道構成的迷宮成了兩萬名日軍官兵的停屍間。∥膠卷飛送至關島（Guam），在「戰時靜態影像池」（Wartime Still Picture Pools）的總部沖洗出來。這張傑作立即受到青睞：一張猶如雕像的相片，裁剪成肖像格式。傳真機將之送回祖國。它馬上成為所有週日報紙的頭版相片，幾個月後成為郵票，十年後成為世界最大的青銅像，位於華盛頓國家公墓：十公尺高的士兵立於花崗岩基座上。∥這道悲情公式從此被應用於每場戰役：三名消防隊員在一堆九月的破瓦殘礫中升起國旗，摺鉢山頂改為世貿雙子星（World Trade Center）大樓原址。

譯註1：英文為Volcano Islands，日文為Kazan Rettō。

譯註2：美國隨軍記者。

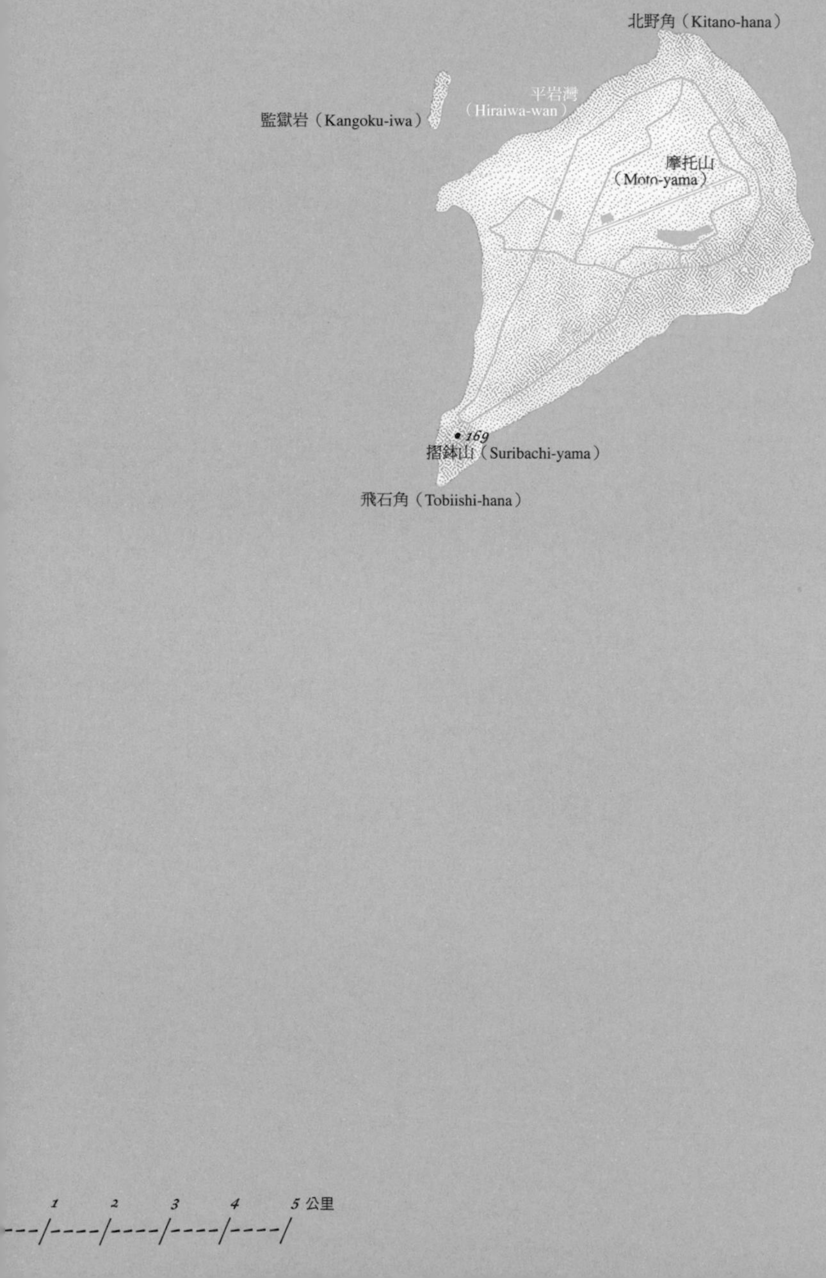

北野角（Kitano-hana）

監獄岩（Kangoku-iwa）

平岩灣
（Hiraiwa-wan）

摩托山
（Moto-yama）

• 169
摺鉢山（Suribachi-yama）

飛石角（Tobiishi-hana）

1   2   3   4   5 公里
---|----|----|----|----|

太平洋｜白令海
聖喬治島 普利比洛夫群島[1]（美國）

北緯 56° 35'
西經 169° 36'

英文：St. George Island
90平方公里｜128名居民

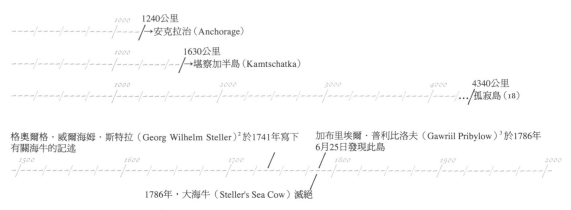

牠們的外形既奇異又美妙。這座島嶼沿岸，這處最外圍的海域，應該就是牠們的出沒之處；這些北歐海牛活生生的模樣，只有格奧爾格·斯特拉以及後來將牠們捕盡殺絕的獵人看過。牠們只剩下一些殘骸、兩塊破碎皮革以及斯特拉的記述——那是他陪同維圖斯·白令（Vitus Bering）參加第二次堪察加遠征行動遭遇船難時寫下來的。這些皮膚像樹皮般的動物列屬海牛目（Sirenia）。這種海牛有分叉的尾巴以及美人魚的乳房。牠們數公分厚的皮摸起來像百年橡樹的樹皮；背部無毛，又黑又亮。頭頸布滿皺紋。雙臂是萎縮成短肢的鰭。牠們的頭與其他動物迥異：很小，四方形，沒有脖子而直接坐落在龐大的身軀上。鼻孔跟馬鼻很像，耳朵不過是兩個小洞，無睫毛的眼睛不比羊眼大，虹膜是黑的，眼球是黃藍色。∥沒有牙齒的嘴巴用兩片嚼骨來磨碎海草；牠們在岸邊不停地啃食海草時，半個巨大身軀會露出海面。背上常坐著幾隻海鷗，幫牠們除去討厭的寄生蟲。牠們每四至五分鐘就呼嚕嚕地大吸一口氣。吃飽後，就翻身仰躺，隨波逐流。∥這些海洋生物只在風平浪靜的春日夜晚「像人類一樣」交配。「男的在上面，女的在下面。」斯特拉如是記述。牠們輪流擁抱對方。∥海牛天性溫順：「牠們遭受劇痛時，唯一的反應是默默離開海岸，卻很快就忘記一切折返。」牠們常靠近岸邊，因而能輕易撫摸牠們，也能輕易擊殺之。這動物是啞巴，不發出任何聲響；唯獨受傷時，會微微輕嘆。

譯註1：英文為Pribilof Islands。
譯註2：在俄羅斯工作的德國植物學家、動物學家、醫生和探險家。
譯註3：俄國航海家。

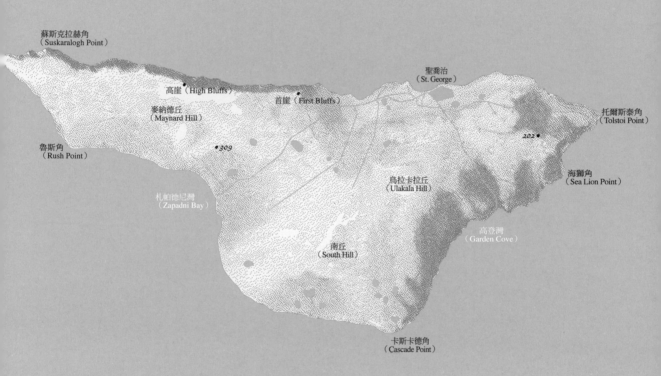

蘇斯克拉赫角
（Suskaralogh Point）

聖喬治
（St. George）

高崖（High Bluffs）

首崖（First Bluffs）

麥納德丘
（Maynard Hill）

托爾斯泰角
（Tolstoi Point）

魯斯角
（Rush Point）

•309

•202

海獅角
（Sea Lion Point）

烏拉卡拉丘
（Ulakala Hill）

札帕德尼灣
（Zapadni Bay）

高登灣
（Garden Cove）

南丘
（South Hill）

卡斯卡德角
（Cascade Point）

1   2   3   4   5 公里
|---|----|----|----|----|

南緯 12°18'
東經168°50'

提柯皮亞島 聖庫魯茲群島[1]（索羅門群島[2]）

提柯皮亞－阿努塔[3]語：Tikopia
4.7平方公里 │ 1200名居民

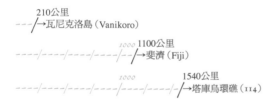

210公里
- - - →瓦尼克洛島（Vanikoro）

1000 1100公里
- - - -/- - - -/- - - -/- - - -/- →斐濟（Fiji）

1000 1540公里
- - - -/- - - -/- - - - - -/- - - -/- →塔庫烏環礁（114）

1928及1929年，雷蒙・弗斯（Raymond Firth）[5]首度於此進行田野調查

1500　　　　*1600*　　　　*1700*　　　　*1800*　　　*1900*　　　*2000*
-|- - -|- - - -|- - - -|- - - -|- - - -|- - - -|- - - -|- - - -|- - - -|- - - -|- - -|-

佩德羅・費爾南德斯・德奎羅斯（Pedro Fernández de Quirós）[4]於1606年發現此島　　　2002年12月，颶風左伊（Zoe）嚴重摧殘此島

自三千年前就有人住在這島上，一座小得連站在島中央都還聽得到海潮聲的小島。提柯皮亞島民在鹹水湖上捕魚，在海邊抓撈貝類。他們種植山藥、香蕉和大芋頭，將麵包果埋在地底下備荒。這些只夠一千兩百個人食用——無法餵養更多人。∥一有颶風或嚴重乾旱毀了收成，很多人會選擇快速死亡。未婚女子通常會上吊或游向大海，有些父親會帶他們的兒子坐上獨木舟，走一趟有去無回的海上之旅。他們寧願死在橫無涯際的海洋中，也不願在陸地上慢慢餓死。∥四大部族的領袖，每年都會重申人口零成長的理念。每戶家庭都得靠自家的田產養活全家人。所以，只有長子可以組建家庭。當弟弟的，必須保持單身，而且在歡愛時，必須注意不要製造出孩子。男人會用中斷法避孕，萬一此法失敗，女人會在分娩前拿炙熱的石頭推壓肚子。∥為人父母者，一旦長子已屆婚齡，就不再生孩子。丈夫會問妻子：「這個要我從田地帶食物回來餵的孩子是誰的？」孩子能不能活下去，全由他做主。「我們的農地太小。我們殺了這孩子吧。我們家的糧食沒有他的份。」這項決定會讓這名新生兒臉朝下趴睡，隨之窒息而死。這些早夭的孩子沒有墳墓，他們還沒參與過提柯皮亞島的生活。

譯註1：英文為Santa Cruz Islands。
譯註2：英文為Solomon Islands。
譯註3：英文為Anuta或Anuda，舊稱Cherry Island（櫻桃島），隸屬聖庫魯茲群島。
譯註4：葡萄牙航海家。
譯註5：紐西蘭民族學家。

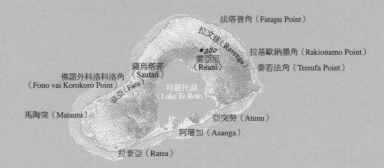

法塔普角（Fatapu Point）

拉文佳（Ravenga）

薩烏塔菲 Sautafi

佛諾外科洛科洛角
（Fono vai Korokoro Point）

法亞（Faea）

拉基歐納墨角（Rakionamo Point）

•380
黷亞尼
（Reani）

泰若法角（Tereufa Point）

特羅托湖
（Lake Te Roto）

馬陶突（Matautu）

亞突努（Atunu）

阿珊加（Asanga）

拉泰亞（Ratea）

太平洋

帕干島 馬里亞納群島[1]（美國）

北緯 18° 7'
東經145° 46'

英文：Pagan Island｜西班牙文：舊稱San Ignacio（聖伊格納休）
47.2平方公里｜無居民

310公里
----/-/→塞班島（Saipan）

　　　　　　　　1000　　　　　　2000　　　　2670公里
----/----/----/----/----/----/----/----/→馬尼拉（Manila）

840公里
----/----/----/-/→硫磺島（104）

迪亞哥‧路易斯‧德珊維托里斯（Diego Luis de Sanvítores）[2]於1669年發現此島

1500　　　1600　　　1700　　　1800　　　1900　　　2000

1981年，火山爆發而撤離所有居民

太平洋板塊潛沒於菲律賓板塊之下，形成數公里深的馬里亞納海溝之際，也擠出一道海脊——世界最高的山脈，並將一些冒著煙的火山頂出海面。∥其中兩座火山形成帕干島——藉著一條地峽連接在一起的雙島。最狹窄的地方只有數百公尺寬。∥北島上的帕干山腳下有一處村落名為修穆雄（Shomushon）。這裡的居民很想撤離，因為近來不斷有濃煙從山頂冒出，地面也不時在晃動，可是沒有人理睬他們。據說這座火山並不危險。∥一九八一年五月十五日，它爆發了：山口噴出火焰，擲出石塊，射出熔漿。灰屑從烏黑的天空落下，空氣瀰漫著硫磺與焦土味。修穆雄村的高腳屋不停地顫抖，炙熱熔岩竄流過棕櫚樹林。碎裂聲已隱約傳入村民耳裡。村長發出無線短波訊息：「發生了！來接我們！」六十名村民隨之越過那條地峽，逃到南島去。他們躲在山脈後方，祈求滾燙岩漿放過他們。∥不久，飛機帶他們離開此島。修穆雄村已被火山灰淹至屋頂。不過，帕干島從此多了兩千萬噸的凝灰岩，羅馬競技場、萬神殿以及卡拉卡拉浴場（Terme di Caracalla）都是用這種石頭建造的。

譯註1：英文為Mariana Islands。
譯註2：西班牙航海家。

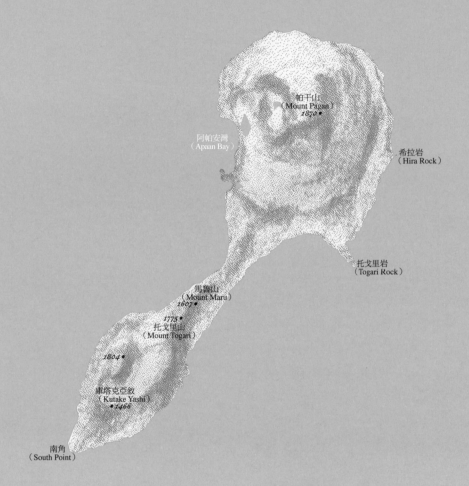

帕干山
（Mount Pagan）
1870 •

阿帕安灣
（Apaan Bay）

希拉岩
（Hira Rock）

托戈里岩
（Togari Rock）

馬魯山
（Mount Maru）
1607 •

1775 •
托戈里山
（Mount Togari）

1804 •

庫塔克亞敘
（Kutake Yashi）
• 1466

南角
（South Point）

1   2   3   4   5 公里
|---|----|----|----|----|

太平洋

北緯 5°32′
東經87°4′

科科島（哥斯大黎加[1]）

西班牙文：Isla del Coco
24平方公里｜無居民

550公里
----/----/-/→旁塔雷納（Puntarenas）[2]
1000公里
----/----/----/----/→哥倫比亞（Colombia）

1000　　　　　2000　　　2500公里
----/----/----/----/----/----/----/→克利珀頓島（98）

胡安・卡維薩斯（Juan Cabezas）[3]於1526年發現此島

1500　　　1600　　　1700　　　1800　　　1900　　　2000
--/----/-/----/--/----/----/----/----/----/----/----/----/----/----/----/

1897年11月11日，奧古斯特・葛斯勒（August Gissler）成為該島總督

一座島嶼，兩張地圖，三份寶藏。奧古斯特・葛斯勒確信，一定能將幾艘掛著黑色旗幟的船隻在海上私掠奪取的黃金挖掘出來，包括艾德華・戴維斯（Edward Davis）的贓物、貝尼托・博尼拓（Benito Bonito）[4]的戰利品以及利馬（Lima）[5]教堂寶藏——其中有真人尺寸的聖母黃金鑄像[6]。// 來自雷姆沙伊德（Remscheid）[7]的他，拒絕接管父親的造紙廠，寧願成為水手。他看著地圖上的叉號，研究紙上的路徑指示：「在瓦弗灣（Bahía Wafer）的東北頂端，三齒岩腳下的一個小洞穴裡，滿潮線後方兩百呎處。」他開始在這裡拿一把鏟子往地下鏟、卻只碰到濕土時，還是一名三十二歲的高大男子，雙眼明亮，滿臉鬍鬚。葛斯勒一個洞接一個洞地挖，深到地下水及膝，大到可以掩埋船隻——但不足以掩埋夢想。// 他在海港酒吧買了更多地圖——海盜遺留給他們子孫的圖紙，有舊的也有新的叉號，出現在陰暗泥地上的新坑洞。他用十字鎬與圓鍬挖畫他的圓圈，在家鄉拋售自組的「科科島農場公司」（Cocos Plantation Company）新印的股票，為這座黃金小島募集資金。六個德國家庭和他的妻子跟著他在這座雨林島嶼的各處海灣落腳，建造木屋，種植咖啡、菸草與甘蔗，勤奮挖掘但什麼都沒找到。// 三年後葛斯勒一家人再度獨居，成為那些隱形財富的唯一主人。葛斯勒認為，尋覓的樂趣勝過找到寶物，每個一無所獲的坑洞都是寶藏隱匿在其他地方——在這塊兩千四百公頃陸地上的某個地方——的證據。// 他於一九〇五年永遠離開這塊被掘透的土地時，鬍鬚已長及臀部。他在這裡遺落十六年的時光，只找到三十個金幣和一只金手套。他在一九三五年八月八日死於紐約之前，還曾說道：「我確信那座島上藏有大量寶藏。不過，要找出它們，需要很多時間與金錢。我還年輕的話，我會再一次重新找起。」

譯註1：西班牙文為Costa Rica。
譯註2：位於哥斯大黎加西岸的港口。
譯註3：西班牙航海家。
譯註4：有「血劍」之稱的西班牙海盜。
譯註5：祕魯（Peru）的首都。
譯註6：據信於一八二〇年左右被湯普森船長（Captain Thompson）藏匿於科科島。
譯註7：德國北萊茵－威斯法連州（Nordrhein-Westfalen）的一座州直轄市。

曼努利塔島
（Isla Manuelita）

查坦灣
（Bahía
Chatham）

錐島
（Isla Cónico）

污岩（Roca Sucia）

葛斯勒角
（Punta Gissler）

瓦弗灣
（Bahía Wafer）

經河（Río Genio）

瑪莉亞角（Punta María）

伊格勒夏斯丘
（Cerro Iglesias）
634

冒陵角（Cabo Atrevido）

利昂內爾角（Cabo Lionel）

發現角
（Cabo Descubierta）

雙友島（Islas Dos Amigos）

巴幽阿爾希佑尼
（Bayo Alcyone）

伊格勒夏斯灣
（Bahía Iglesias）

胡安包蒂斯塔島
（Isla Juan Bautista）

圖里亞爾巴角（Punta Turrialba）

白齒島
（Isla Muela）

丹皮爾角
（Cabo Dampier）

1　2　3　4　5公里
/----/----/----/----/

太平洋

塔庫烏環礁（巴布亞紐幾內亞）

南緯 4° 45'
東經156° 59'

塔庫烏語：Takuu　亦稱Tauu（塔烏烏）｜英文：亦稱Mortlock Islands（摩特拉克群島）

1.4平方公里｜560名居民

220公里
----/→布干維爾島（Bougainville Island）

510公里
----/----/→新不列顛島（New Britain）

1000　1280公里
----/----/----/----/----/→平格拉普島（90）

詹姆士·摩特拉克（James Mortlock）[1]於1795年11月19日看見此島

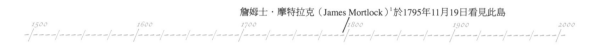

1500　　　1600　　　1700　　　1800　　　1900　　　2000
-/----/----/----/----/----/----/----/----/----/----/----/----/----/-

傳教士和研究員都不准踏上這座島嶼。塔庫烏島民不願外人介入他們的生活，且忠實於自己的信仰。他們需要那些以海洋之骨建造這座環礁的精靈以及一直保護著這座只高出滿潮線一公尺的脆弱沙環的祖先。// 海平面在上升。風向在變。島嶼在下沉。海灘隨著每一場暴風縮減。整塊田地在一夕間消失。罪魁禍首是不斷漂移的大陸板塊以及氣候的變化。大海逐漸蝕進內陸，椰樹根淹泡在海水裡，地下水被鹹化，芋頭因此萎縮，飯菜簡乏至無法充飢。// 老一輩的人不相信沉沒之說，他們拒絕離開這座群島。他們建造海塘，用刺藤、石塊填塞粗目網，將之丟到被海水挖空的堤岸，呼叫精靈前來，乞求祖先援助。// 年輕人什麼都不想──不想未來，不想過去。他們整天暢飲在炎日中發酵的椰樹汁。樹冠掛滿塑膠瓶。// 塔庫烏會沉沒，或許下個月，也許明年。

譯註1：英國商船船長。

努克雷基亞（Nukerekia）

瑪塔喀勞水道（Mataakau Passage）

薩安多（Saando）　瑪提里泰亞塔（Matiriteata）
絡突瑪（Lotuma）　瑪突里（Maturi）
法瑞法突（Farefatu）
卡培亞突（Kapeiatu）
　　　　　　　努庫突烏魯亞
　　　　　　　（Nukutuurua）
　　　　　　　卡魯特克（Karuteke）
　　　　　　　努庫亞阿法雷
　　　　　　　（Nukuaafare）
努庫拓亞（Nukutoa）　培塔希（Petasi）

潟湖（Lugoon）

塔庫烏（Takuu）

阿瓦水道（Ava Passage）

1　　2　　3　　4　　5公里
|---|----|----|----|----|

南冰洋 *Antarctic Ocean*

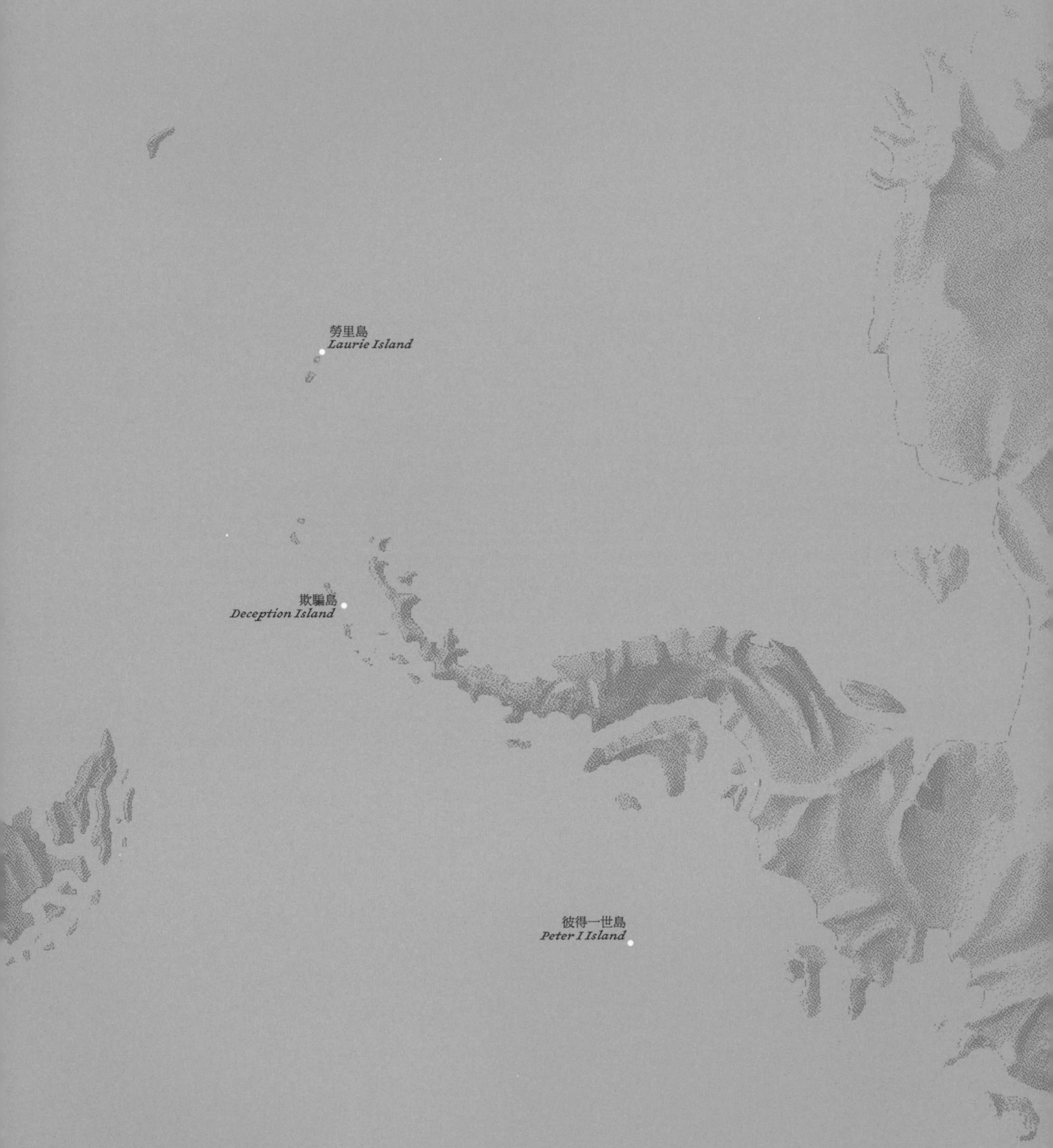

勞里島
Laurie Island

欺騙島
Deception Island

彼得一世島
Peter I Island

富蘭克林島
Franklin Island

南冰洋

南緯60° 44'
西經44° 31'

勞里島 南奧克尼群島[1]（南極洲）

英文：Laurie Island｜西班牙文：Lauría
86平方公里｜14至45名短期居民

```
                    810公里
----/----/----/-→南喬治島（South Georgia）

           1000    1280公里
----/----/----/----/----/-→福克蘭群島（Falkland Islands）

   250公里
----/-→欺騙島（I20）
```

喬治・鮑威爾（George Powell）[2]與納撒尼爾・帕爾默（Nathaniel Palmer）[3]於1821年12月6日發現此島

```
  1500          1600          1700          1800    /     1900    /     2000
--/----/----/----/----/----/----/----/----/----/----/----/----/----/----/----/----/-
```

蘇格蘭國家南極考察隊（Scottish National Antarctic Expedition）於1903年3月21日至11月26日在此過冬

艾倫・喬治・藍樹（Allan George Ramsay）的生命已近終點。早在船隻從特隆（Troon）[4]出發前往維德角群島（Cape Verde）的途中，他的胸口就不時傳來一陣抽痛；稍後他們在福克蘭群島停留數星期時，這症狀發作得更頻繁更劇烈，教他再也無法否認：他——斯科細亞號（Scotia）的主要機械師——病得很嚴重。可是藍樹決定隱瞞此事。不然，該怎麼辦呢？明知這裡找不到人替代他，卻仍向領隊報告，以便一旦時機許可就先回蘇格蘭家鄉去？他別無選擇。而且，他很想親眼見識南方的白色巨牆——漂浮在海上的冰山，以及南極大陸。∥這些，他全在二月看到了；他們無法繼續南行，而決定在這座島嶼過冬。他們花了幾天時間終於找到一處安全的海灣時，他已經無法繼續工作。當其他人忙著用雪包覆斯科細亞號、建造兩間小屋、觀察企鵝棲息地、執行氣象學與磁場探測作業時，藍樹大多待在船上，裹在毛毯裡，偎在艙房火爐邊。一九〇三年八月六日，他死於心臟衰竭。兩天後，他的遺體被沉入斯科細亞灣（Scotia Bay）北面的石灘下，背對一座以他的名字命名的山嶺。蘇格蘭國家南極考察隊所有成員，還有數隻阿德利企鵝，都向他敬禮致意。實驗助理克爾（Kerr）穿著蘇格蘭裙，背著風笛，吹奏一首蘇格蘭哀樂：「以往擠羊奶時總會聽到歌聲／夕陽西下前少女的歌唱／現在卻是在為每一絲消失的綠意哀嘆：／樹林裡的花全枯萎了／那些以往在樹林裡爭奇鬥豔的花朵／我們國家的驕傲冰冷地躺在泥地上。」

譯註1：英文為South Orkney Islands。
譯註2：英國捕鯨業者。
譯註3：美國狩獵海豹業者、探險家、船長以及船設計師，是最先看到南極大陸的人之一。
譯註4：位於蘇格蘭南艾爾郡（South Ayrshire）的一座港口。

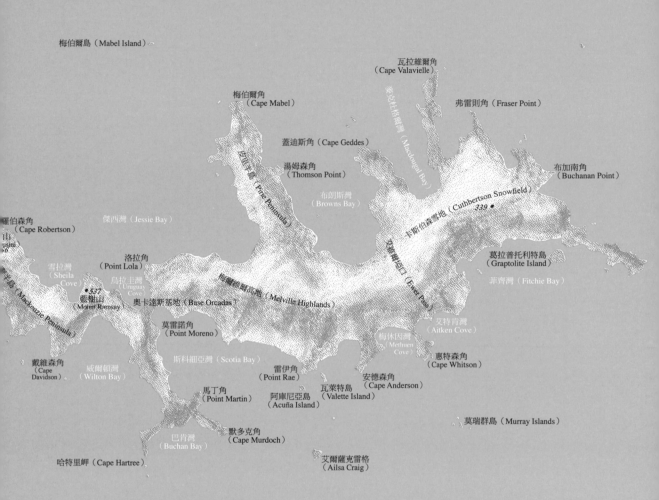

梅伯爾島（Mabel Island）

瓦拉維爾角
（Cape Valavielle）

梅伯爾角
（Cape Mabel）

弗雷則角（Fraser Point）

蓋迪斯角（Cape Geddes）

湯姆森角
（Thomson Point）

布加南角
（Buchanan Point）

皮恩半島（Pine Peninsula）

布朗斯灣
（Browns Bay）

卡斯伯森雪地（Cuthbertson Snowfield）
339 •

羅伯森角
（Cape Robertson）

山
usini）
6

傑西灣（Jessie Bay）

洛拉角
（Point Lola）

葛拉普托利特島
（Graptolite Island）

艾維爾海口（Ewet Pass）

雪拉灣
（Sheila
Cove）

烏拉圭灣
（Uruguay
Cove）

菲齊灣（Fitchie Bay）

半島
（Mackenzie Peninsula）

藍樹山
• 537
（Mount Ramsay）

奧卡達斯基地（Base Orcadas）

梅爾維爾高地（Melville Highlands）

艾特肯灣
（Aitken Cove）

莫雷諾角
（Point Moreno）

梅休因灣
（Methuen
Cove）

惠特森角
（Cape Whitson）

戴維森角
（Cape
Davidson）

威爾頓灣
（Wilton Bay）

斯科細亞灣（Scotia Bay）

雷伊角
（Point Rae）

安德森角
（Cape Anderson）

馬丁角
（Point Martin）

阿庫尼亞島
（Acuña Island）

瓦萊特島
（Valette Island）

莫瑞群島（Murray Islands）

巴肯灣
（Buchan Bay）

默多克角
（Cape Murdoch）

哈特里岬（Cape Hartree）

艾爾薩克雷格
（Ailsa Craig）

1   2   3   4   5公里
|----|----|----|----|

南冰洋

欺騙島 南昔得蘭群島[1]（南極洲）

英文：Deception Island｜西班牙文：Isla Decepción
98.5平方公里｜無居民

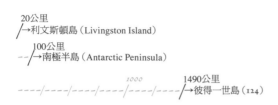

20公里
├→ 利文斯頓島（Livingston Island）

100公里
┈┈┤→ 南極半島（Antarctic Peninsula）

1000　　　　1490公里
┈┈┈/┈┈┈/┈┈┈/┈┈┈/┈┈┈/┈┈┈┤→ 彼得一世島（124）

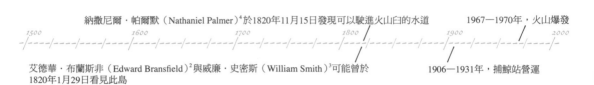

納撒尼爾・帕爾默（Nathaniel Palmer）[4]於1820年11月15日發現可以駛進火山臼的水道　　　　1967—1970年，火山爆發

1500　　　1600　　　1700　　　1800　　　1900　　　2000

艾德華・布蘭斯非（Edward Bransfield）[2]與威廉・史密斯（William Smith）[3]可能曾於　　　1906—1931年，捕鯨站營運
1820年1月29日看見此島

這入口，稍未留意就會錯過，這道火山臼開口只有不到兩百公尺寬。在這裡，在海神風箱（Neptunes Bellows）處，在地獄玄關，在惡龍口，隨時都有狂風巨浪。後頭，藏匿在打盹的火山下，有世界最安全的港口之一：捕鯨人之灣（Whalers Bay）。「新桑德爾福德」（Ny-Sandefjord）[5]——這裡的短期居民都這麼稱呼此處，這座世界最南的鯨油煉製場，有專屬艦隊的捕鯨中心：兩艘三桅帆船，八艘小的、兩艘大的捕鯨汽船。除了幾名智利籍的伙夫外，這裡住著兩百名挪威男子，以及一名女子：瑪莉亞・貝琪・拉斯穆森（Marie Betsy Rasmussen），她是第一位也是至今唯一一位來到南極洲的婦女，是阿道夫・阿曼杜斯・安德列森（Adolf Amandus Andresen）船長的妻子。自兩年前開始，有三家公司在此經營捕鯨業，安德列森是其中一家的總經理。// 營運時節是十一月底至二月底。他們採用已在北方試驗過的新式捕鯨法。在前方甲板用加農砲射出攜帶炸藥的魚叉，鑽入那些龐然大物的背部。捕鯨人遠遠就能辨識不同的鯨類：水柱很低、背上有駝峰，這是座頭鯨。噴出垂直水柱的是長鬚鯨。最有價值的是藍鯨，可從牠們的背鰭以及直沖高空的水柱辨認出來。一艘汽船最多可捕捉六頭巨鯨。晚上將獵物拖回海灣後，捕鯨人就在漆黑的海灘上除去鯨口上的鬍鬚，剝下光亮的皮，割出肉塊下方的脂肪，再將這些盛在大缸盆裡的白色黃金熬煮成鯨油。鍋釜下的燃料不是煤炭，而是他們從貝利角（Baily Head）捕殺來的企鵝。// 剩餘的就留在原地任其潰爛。黑色沙灘矗立著一排排白色鯨骨，海水被鯨血染紅，空氣充斥著腐屍味。數以千計被掠奪來的軀體，在淹入海水的火山盆裡腐爛。

譯註1：英文為South Shetland Islands。
譯註2：愛爾蘭航海家暨研究員，可能也是最先看到南極大陸的人之一。
譯註3：英國航海家，發現南昔得蘭群島。
譯註4：請參閱→勞里島（118）的譯註3。
譯註5：桑德爾福德（Sandefjord）是位於挪威的一座城市，在一八五〇年代成為北海一帶的捕鯨中心。

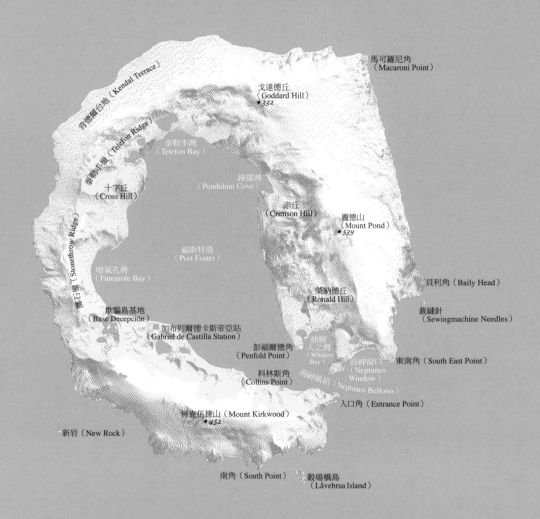

馬可羅尼角
（Macaroni Point）

肯德爾台地（Kendal Terrace）

戈達德丘
（Goddard Hill）
•332

泰勒手嶺（Telefon Ridge）

泰勒手灣
（Telefon Bay）

鐘擺灣
（Pendulum Cove）

十字丘
（Cross Hill）

赤丘
（Crimson Hill）

龐德山
（Mount Pond）
•539

擲石嶺（Stonethrow Ridge）

福斯特港
（Port Foster）

噴氣孔灣
（Fumarole Bay）

貝利角（Baily Head）

築納德丘
（Ronald Hill）

裁縫針
（Sewingmachine Needles）

欺騙島基地
（Base Decepción）

加布列爾德卡斯帝亞站
（Gabriel de Castilla Station）

彭福爾德角
（Penfold Point）

捕鯨
人之灣
（Whalers
Bay）

海神窗口
（Neptunes
Window）

東南角（South East Point）

科林斯角
（Collins Point）

海神風箱
（Neptunes Bellows）

入口角（Entrance Point）

柯克伍德山（Mount Kirkwood）
•452

新岩（New Rock）

南角（South Point）

穀場橋島
（Låvebrua Island）

1 2 3 4 5公里
---|----|----|----|----|

南冰洋 ｜ 羅斯海[1]

南緯 76° 5′
東經 168° 19′

富蘭克林島（南極洲）

英文：Franklin Island
33平方公里 ｜ 無居民

70公里
--/→維多利亞地（Victoria Land）[2]

150公里
--/→羅斯島（Ross Island）

2410公里
----/----/----/----/----/----/----/----/----/----/---/→麥夸利島（70）
            1000   2000

詹姆斯・克拉克・羅斯（James Clark Ross）於1841年1月27日發現此島

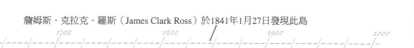
-/----/----/----/----/----/----/----/----/----/----/----/----/----/----/-
1500   1600   1700   1800   1900   2000

「國王陛下的驚恐號」（HMS Terror）與「國王陛下的幽冥號」（HMS Erebus[3]）證明了它們航行於冰海的能力。這兩艘裝載迫擊砲的船隻，就如鞋盒，談不上高雅，但有結實的船身，以及十五噸重的蒸氣機位於裹覆鐵甲的腹艙裡。它們是戰艦，特地為抗冰之戰做了一番改造。在一個清晨，濃霧終於疏薄一些時，它們停泊在一處延伸至一座小島的白色深灣。詹姆斯・克拉克・羅斯艦長帶著幾名軍官離開「幽冥號」，划向那座小島。弗朗西斯・克羅齊爾（Francis Crozier）海軍中校也從「驚恐號」帶了一組人員跟隨其後。海浪又高又猛，使羅斯艦長不得不改乘捕鯨船，隨之大膽地從那艘船跳到一塊岩石上。其他人則藉著繩索跟上。氣溫很低，連石塊表面都結了一層冰。∥ 這座島嶼全然是火成岩。北面黑色斷崖上有幾條數呎寬的潔白冰帶。全島找不到一絲植物跡象。眾人欣然同意羅斯艦長將此島命名為富蘭克林，以表達他們對特拉法谷（Trafalgar）[4]海戰英雄約翰・富蘭克林爵士（Sir John Franklin）的敬意。當時，富蘭克林不僅身兼范迪門斯地（Van Diemen's Land）[5]總督，也是極地探險家，夢想能找到西北水道（Northwest Passage）[6]。四年後，富蘭克林決定出發尋找這條穿越冰海通往東方的捷徑。足以擔負這項遠征重任的船隻只有兩艘：「驚恐號」與「幽冥號」。被任命為「驚恐號」船長的弗朗西斯・克羅齊爾，再度於遠征行動中擔任第二指揮官。在威廉王島（King William Island）北岸附近，他們被冰困住了。等不到消息的世人發起有史以來最浩大的搜尋行動。∥ 羅斯艦長也帶著船隊與雪橇犬出發。他沒找到富蘭克林爵士，沒找到他的朋友克羅齊爾，沒找到那兩艘當年陪他測量南極洲海岸的砲艦──「驚恐號」與「幽冥號」。富蘭克林的紀念碑是一座火成岩小島，他的墳墓卻位於另一極地的冰原下。

譯註1：英文為Ross Sea。
譯註2：位於南極大陸上。
譯註3：厄瑞玻斯（希臘文：Ἔρεβος）在希臘神話中是黑暗的化身，在晚期神話中也是地下世界的一部分，是死者最先經過的地方。
譯註4：一八〇五年十月二十一日，法國和西班牙聯合艦隊在西班牙特拉法谷角（CaboTrafalgar）與英國海軍激戰。法西聯合艦隊大敗，法國海軍精銳盡喪，從此一蹶不振，拿破崙被迫放棄進攻英國本土的計畫，而英國海上霸主的地位得以鞏固。
譯註5：即今日的塔斯馬尼亞（Tasmania），澳大利亞唯一的島州。
譯註6：穿越加拿大北極群島，連接大西洋和太平洋的航道。

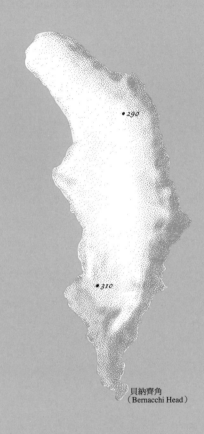

• 290

• 310

貝納齊角
（Bernacchi Head）

南緯68°53'
西經90°34'

彼得一世島（南極洲）

俄語：Ostrow Petra I ｜挪威文：Peter I Øy

156平方公里 ｜無居民

```
                        420公里
----/---/→南極洲（Antarctica）

              1000                1850公里
----/-----/-----/-----/-----/-----/-----/--→合恩角（Kaap Hoorn）

              1000                2000                3040公里
----/-----/-----/-----/-----/-----/-----/-----/-----/-----/-----/--→富蘭克林島（I22）
```

法比昂·戈特利布·馮柏令斯豪森（Fabian Gottlieb von Bellingshausen）[1]於1821年1月21日發現此島

```
1500        1600        1700        1800        1900        2000
-/-----/-----/-----/-----/-----/-----/-----/-----/-----/-----/-/
```

奧拉·奧爾斯塔德（Ola Olstad）[2]於1929年2月2日踏上此島

拉爾斯·克里斯藤森（Lars Christensen）——來自桑德爾福德[3]的船東與領事——為一項探險行動裝備他的捕鯨船「帆船奧德一號」（SS Odd I）。裝滿煤炭的捕鯨船於一九二七年一月十二日離開欺騙島的港口。五天後，他們抵達這座小島——一百多年前被發現，卻還沒有人踏上過，幾乎全年都被巨大浮冰遮蔽著。他們繞著島嶼航行。西岸聳立著最高的山峰，一座沒人知道只是在酣睡還是已決定永遠靜默的火山。每一面的海岸都又禿又陡。凶猛大海吐納著頂部幾乎平整的冰棚斷塊。下午，船長嘗試駕一艘小艇上岸，但沒有成功。連一座可供庇護的海灣都沒有，港埠更是奢論。只有幾道狹窄的海灘，布滿黑色巨礫以及延伸至海中的冰川。他們不得不放棄登陸計畫，只蒐集一些石頭作為此行的零碎證據。∥岩石分類學家奧拉夫·安東·柏洛克（Olaf Anton Broch）仔細研究了這些石頭：「手邊樣品共一百七十五塊，大部分都是或多或少磨去稜角的海灘碎石，小至榛果大小、大至兩個拳頭尺寸。有一些內部疏鬆，間或濕軟。它們是從西岸附近、英格麗角（Kapp Ingrid）外圍撈上來的。加以分類後，每個種類都有多件樣品，而且所有種類，在岩石分類學上，多少都互有關聯。所有檢驗過的樣品都有火成岩特質。粗略檢視時，會以為這裡有豐富多樣的岩石種類；仔細研究後，卻只得出主要幾種。而且，抽樣檢驗二十二塊切片的結果是：這些全都是玄武岩、安山石以及所謂的粗面安山岩。其中玄武岩佔絕大多數。彼得一世島的主要地質是玄武岩。」對這塊尚未有人踏過的陸地，也就只能說出這麼多了。

譯註1：波羅的海德國人（Baltic German），沙皇俄國海軍軍官，著名探險家，南極洲大陸的發現者之一。
譯註2：挪威極地探險家和動物學家（1885－1969）。
譯註3：請參閱→欺騙島（I20）的譯註5。

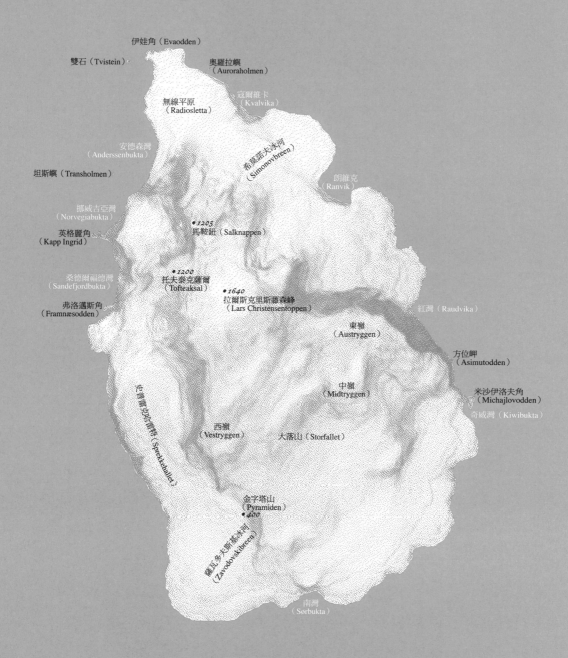

伊娃角（Evaodden）

雙石（Tvistein）

奧羅拉嶼
（Auroraholmen）

寇爾維卡
（Kvalvika）

無線平原
（Radiosletta）

安德森灣
（Anderssenbukta）

希莫諾夫冰河
（Simonovbreen）

朗維克
（Ranvik）

坦斯嶼（Transholmen）

挪威古亞灣
（Norvegiabukta）

•1205
馬鞍鈕（Salknappen）

英格麗角
（Kapp Ingrid）

桑德爾弗福德灣
（Sandefjordbukta）

•1200
托夫泰克薩爾
（Tofteaksal）

•1640
拉爾斯克里斯藤森峰
（Lars Christensentoppen）

紅灣（Raudvika）

弗洛邁斯角
（Framnæsodden）

東嶺
（Austryggen）

方位岬
（Asimutodden）

米沙伊洛夫角
（Michajlovodden）

中嶺
（Midtryggen）

奇威灣（Kiwibukta）

沙灣羅奇哈雷斯（Sprekkehallet）

西嶺
（Vestryggen）

大落山（Storfallet）

金字塔山
（Pyramiden）
•400

羅瓦多夫斯基冰河
（Zavodovskibreen）

南灣
（Sørbukta）

1   2   3   4   5公里
---|----|----|----|----|

詞彙表

A

arête（法文）山脊、山梁

B

bahía（西班牙文）海灣
baia（葡萄牙文）海灣
baie（法文）海灣
basin（英文）盆地
bay（英文）海灣
beach（英文）海灘
bight（英文）海灣
bluff（英文）斷崖
bre（挪威文）冰河
buchta（俄語）海灣
bukt（挪威文）海灣

C

cabo（葡萄牙文、西班牙文）岬
cachoeira（葡萄牙文）瀑布
cap（法文）岬
cape（英文）岬
cerro（西班牙文）山峰
costa（西班牙文）海岸
cova（葡萄牙文）小海灣
cove（英文）小海灣
cratère（法文）火山口
creek（英文）溪流

E

elv（挪威文）河
ensenada（西班牙文）海灣
enseada（葡萄牙文）海灣

F

falaise（法文）懸崖、峭壁
fjell（挪威文）山、山脈

G

gora（俄語）山、山脈
glen（蘇格蘭語）谷地
gulch（英文）峽谷

H

Hall（挪威文）山坡
hamna（挪威文）港口
hana（日語）海角
harbour（英文）港口
head（英文）岬
hill（英文）山丘
holme（挪威文）嶼, 小島

IJ

île（法文）島
ilha（葡萄牙文）島
ilhéu（葡萄牙文）嶼, 小島
isla（西班牙文）島
island（英文）島
isle（英文）島
islet（英文）嶼, 小島
islote（西班牙文）嶼, 小島
jima（日語）島

K

kapp（挪威文）岬
kyst（挪威文）海岸

L

lac（法文）湖
lago（葡萄牙文、西班牙文）湖
lagon（法文）潟湖
lagoon（英文）潟湖
laguna（俄語）潟湖
lake（英文）湖
lednik（俄語）冰河

M

massif（法文）山脈
mont（法文）山
monts（法文）山脈
morro（西班牙文）岩頂
motu（玻里尼西亞語）礁嶼
mount, mountain（英文）山
mullach（蘇格蘭語）山峰
mys（俄語）岬

O

odde（挪威文）海角
osero（俄語）湖
ostrow（俄語）島
øy（挪威文）島

P

pass, passage（英文）通道
passe（法文）通道
peak（英文）山峰
peninsula（英文）半島
pic（法文）山峰
pico（葡萄牙文、西班牙文）山峰
pik（俄語）山峰
plain（英文）平原
platå（挪威文）高地、高原

plateau（英文、法文）高地、高原
playa（西班牙文）海灘
point（英文）海角
pointe（法文）海角
poluostrow（俄語）半島
ponta（葡萄牙文）海角
port（英文、法文）港口
porto（葡萄牙文）港口
proliw（俄語）海峽
puerto（西班牙文）港口
punta（西班牙文）海角

R

range（英文）山脈
ravine（法文）峽谷
reef（英文）礁岩
récif（法文）礁岩
ridge（英文）山脊、山梁
río（西班牙文）河
river（英文）河
rivière（法文）河
roca（西班牙文）岩石
roche（法文）岩石
rock（英文）岩石

S

saliw（俄語）海灣
slette（挪威文）平原
stac（蘇格蘭語）岩嶼
strait（英文）海峽

T

topp（挪威文）山峰

V

vallée（法文）谷地
valley（英文）谷地
vatn（挪威文）湖
versant（法文）山坡
vik（挪威文）海灣
volcán（西班牙文）火山

W

wodopad（俄語）瀑布
wan（日語）海灣
wulkan（俄語）火山

Y

yama（日語）山

地名與人名索引

A

Acapulco 阿卡普科 98

Acuña Island 阿庫尼亞島 119

Adamstown 亞當斯敦 95

A Dyibó 阿迪玻 33

Africa 非洲 9, 50

Agulhas Bank 阿古拉斯淺灘 38

Ahurei 阿胡瑞 65

Ahurei Bay 阿胡瑞灣 65

Ailsa Craig 艾爾薩克雷格 119

Aitken Cove 艾特肯灣 119

Akananue Bay 阿勘那努耶灣 65

Akatamira Bay 阿克塔迷拉灣 65

Alaid 阿賴度 74, 75

Albatross Point 信天翁角 83

de Albuquerque, Afonso 阿方索·德阿爾布克爾克 28

Alert Bay 警戒灣 83

Alfredfjellet 阿爾夫瑞德山 21

Allan Point 艾倫角 57

Alor Pinyu 阿洛爾頻宇 49

Álvarez, Victoriano 韋多利亞諾·阿爾瓦雷茲 98

Am Plasdair 安普拉斯戴爾島 27

Amsterdam Island 阿姆斯特丹島 15, 54

ANARE Station 澳大利亞國立南極研究考察站 71

Anarua Bay 阿那魯阿灣 65

Anatauri Bay 阿那陶里灣 65

Anchorage Bay 錨地灣 83

Anchorstock Point 錨桿角 41

Anderssenbukta 安德森灣 125

Andresen, Adolf Amandus 阿道夫·阿曼杜斯·安德列森 120

Angairao Bay 安蓋洛灣 65

Anganchi 安甘吉 33

Annobón 安諾本島 32

Ano Bom 豐年島 32

Anson Bay 安森灣 79

Anson Point 安森角 79

Antarctica 南極洲 50, 118, 120, 122, 124

Antarctic Bay 南極灣 89

Antarcticfjellet 南極山 21

Antipodes Island 對蹠島 82

Anvil Peak 鐵砧峰 97

Apaan Bay 阿帕安灣 111

Araido-tō 阿賴度 74

Araveke 阿拉威克 63

Archipel Crozet 克羅澤群島 50

Archipel des Tuamotu 土木土群島 15, 72

Area 阿瑞亞 65

Arête des Djinns 狄郡邊緣 51

Aria, Richard 理察·艾力爾 28

de Arnaud, Ramón 拉蒙·德阿爾諾 98

Archipiélago Juan Fernández 斐南得群島 14, 66

Asanga 阿珊加 109

Ascension Island 阿森松島 28

Asilo de la Paz 和平聖殿 85

Asimutodden 方位岬 125

Assunção 升天 28

Atanui Bay 阿塔努依灣 65

Atlantis 亞特蘭提斯 7

Atunu 亞突努 109

Aual 奧阿爾 33

Auroa Point 奧羅亞角 65

Auroraholmen 奧羅拉嶼 125

Aurora Point 奧羅拉角 71

Australia 澳大利亞 26, 48, 50, 70, 78

Austryggen 東嶺 125

Autea Point 奧提亞角 65

Ava Passage 阿瓦水道 115

B

Bahia Ate 阿爾特灣 33

Bahía Braithwaite 布雷什威特灣 103

Bahía Chatham 查坦灣 113

Bahía Chupones 奶嘴灣 67

Bahía Cornwallis 康瓦利斯灣 103

Bahía Cumberland 坎伯蘭灣 67

Bahia de A Jabal 阿佳寶灣 33

Bahia de Aual 奧阿爾灣 33

Bahía de La Pérouse 培羅希灣 93

Bahía del Correo 郵件灣 85

Bahía Iglesias 伊格勒夏斯灣 113

Bahía Padre 教父灣 67

Bahía Tierra Blanca 白土灣 67

Bahía Trcs Puntas 三角灣 67

Bahía Vargas Lozano 瓦爾加斯洛薩諾灣 103

Bahía Villagra 維拉格拉灣 67

Bahía Wafer 瓦弗灣 113

Baia do Caniço 卡尼索灣 31

Baie Americaine 美國灣 51

Baie de la Hébé 赫柏灣 51

Baie de la Pince 平瑟灣 99

Baie du La Pérouse 培魯茲灣 51

Baie du Marin 馬洪灣 51

Baily Head 貝利角 120, 121

Ball Bay 球灣 79

Banaba 巴納巴島 86

Banks Point 汴克士角 35

Banning, George Hugh 喬治·修·班寧 11, 12, 102

Barauna, Almiro 阿米諾·巴拉烏納 36

Barentsee 巴倫支海 20

Barents, Willem 威廉・巴倫支 20

Barn Long Point 邦恩長角 35

Barrière des récifs 堡礁 59

Barton Pass 巴頓水道 53

Barton Point 巴頓角 53

Base Decepción 欺騙島基地 121

Base Orcadas 奧卡達斯基地 119

Base Martin de Viviès 馬當德維韋耶基地 55

Basilisk Peak 翼蜥峰 43

Bauer Bay 鮑爾灣 71

Bayo Alcyone 巴幽阿爾希佑尼 113

Beach Point 海灘角 43

Bear Island 熊島 20

Beechey, Frederick William 弗雷德里克・威廉・比奇 72

von Bellingshausen, Fabian Gottlieb 法比昂・戈特利布・馮柏令斯豪森 124

Bellingshausen Island 柏令斯豪森島 43

Bering Sea 白令海 96, 106

Bering, Vitus 維圖斯・白令 96

de Berlanga, Tomás 托馬斯・德貝爾琅納 84

von Berlepsch, Hans Freiherr 漢斯・馮貝爾萊普施男爵 20

Bernacchi Head 貝納齊角 123

Big Green Hill 大綠丘 41

Big Gulch 大峽谷 41

Big Point 大海角 41

Big Sandy Gulch 大沙峽谷 41

Bird Rock 鳥岩 79

Bjørnøya 熊島 20

Black Point 黑角 35

Blue Lake 藍湖 101

Boatharbour Bay 舟港灣 41

Boatswain Bird Island 紅嘴鸏島 29

du Bocage, Michel 米歇爾・杜博凱奇 98

Bogevika 伯格維卡 21

Bokak Atoll 玻卡克 76

Bollons Islands 博蘭斯島 83

Bonaparte, Napoléon 拿破崙・波拿巴 12, 34

Bonito, Benito 貝尼托・博尼拓 112

Borchgrevink Bay 波克格雷文克灣 89

Boreray 伯勒瑞島 27

Bounty Bay 邦蒂灣 95

Bouquet de la Grye, Anatole 安納多・布凱德拉格里 11, 88

Bouvet de Lozier, Jean-Baptiste Charles 讓・巴蒂斯特・夏爾・布威 38

Bouvet Island 布威島 38

Bouvetøya 布威島 38

Brando, Marlon 馬龍・白蘭度 94

Bransfield, Edward 艾德華・布蘭斯非 120

Brazil 巴西 36

Brava 布拉法島 30

Bristow, Abraham 亞伯拉罕・布里斯托 86

British Isles 不列顛群島 82

Broch, Olaf Anton 奧拉夫・安東・柏洛克 124

Broken Tooth 裂齒 29

Brothers Point 兄弟角 71

Browns Bay 布朗斯灣 119

Bruny d,Entrecasteaux, Joseph 喬瑟夫・布魯尼・東特卡斯托 100

Buchanan Point 布加南角 119

Buchanan Stream 布加南溪 89

Buchan Bay 巴肯灣 119

Buchta Alaidskaja 阿雷茲卡亞灣 75

Buchta Baklan 巴克梁灣 75

Buchta Sewernaja 北灣 75

Buchta Tepliz 泰普利滋灣 23

Buckles Bay 巴克斯灣 71

Burnt Pine 焦松 79

Buttermilk Point 酪漿角 35

Bwdije 布瓦狄捷島 77

Bwokwia 布瓦克維亞島 77

Byron, John 約翰・拜倫 14, 80

C

Cabezas, Juan 胡安・卡維薩斯 112

Cabo Atrevido 冒險角 113

Cabo Dampier 丹皮爾角 113

Cabo Descubierta 發現角 113

Cabo Henslow 亨斯洛角 103

Cabo Lionel 利昂內爾角 113

Cabo Middleton 密德頓角 103

Cabo Norte 北角 93

Cabo O'Higgins 奧希金斯角 93

Cabo Pearce 皮爾斯角 103

Cabo Regla 雷格拉角 103

Cabo Roggeveen 羅格分角 93

Cabo Sur 南角 93

Cachaço 卡洽素 31

Caldwell, David 大衛・科德威 66

Caleta Anakena 卡萊塔安納肯納 93

Caleta Grayson 卡萊塔格雷森 103

Campbell Island 坎貝爾島 11, 12, 88

Campo Baixo 康柏貝克索 31

Camp Stream 營溪 89

Cap Chivaud 敘瓦角 51

Cap de la Meurthe 墨爾塔角 51

Cap de l'Antarès 安塔爾角 51

Cap de l'Héroïne 女英雄角 51

Cap du Gallieni 葛林尼角 51

Cap du Gauss 高斯角 51
Cape Anderson 安德森角 119
Cape Colony 開普殖民地 38
Cape Davidson 戴維森角 119
Cape Flannery 弗蘭納里角 43
Cape Geddes 蓋迪斯角 119
Cape Hartree 哈特里岬 119
Cape Mabel 梅伯爾角 119
Cape Murdoch 默多克角 119
Cape Robertson 羅伯森角 119
Cape Roca 羅卡角 119
Cape Star 星岬 71
Cape Toucher 塔徹角 71
Cape Valavielle 瓦拉維爾角 119
Cape Verde 維德角群島 30, 118
Whitson 惠特森角 119
Cap Vertical 垂直岬 51
Caroline Point 凱洛琳角 71
Caroline Islands 加羅林群島 90
Carrick Bay 凱瑞克灣 71
Cascade 卡斯卡德 79
Cascade Bay 卡斯卡德灣 79
Cascade Point 卡斯卡德角 107
Castle Rock Point 堡岩角 35
Catherine Point 凱瑟琳角 29
Catoodden 卡托角 39
Cattle Bay 牛灣 89
Cave Gulch 窟穴峽谷 41
Cave Point 穴角 41, 83
Cemetery Bay 墓園灣 79
Central Plateau 中央高地 83
Cerro Agudo 阿古斗山 67
Cerro Alto 奧拓山 67
Cerro Damajuana 細頸大瓶山 67
Cerro El Yunque 鐵砧山 67
Cerro Iglesia 伊格勒夏斯丘 113
Cerro La Piña 松果山 67
Cerro Pajas 帕亞斯峰 85
Cerro Portezuelo 波特祖艾羅峰 67
Cerro Puhi 普希峰 93
Cerro Tres Puntas 三尖山 67
Cerro Tuutapu 圖兀塔普峰 93
Chagos Archipelago 查哥斯群島 52
de Chassiron, Martin 馬當·沙西昂 98
Chile 智利 66, 92
Christensen, Lars 拉爾斯·克里斯藤森 124
Christian, Fletcher 弗萊徹·克里斯辰 94
Cirque aux Mille Couleurs 繽紛馬戲團 51
Claesz de Hillegom, Harwick 哈威克·克萊斯·德
希雷弘 46

Clarence Bay 空闊灣 29
Clipperton Island 克利珀頓島 12, 13, 72, 98
Cockburn Island 科本島 72
Cocoanut Bay 椰子灣 29
Cocos Island 科科島 14, 112
Collins Head 柯林斯角 79
Collins Point 科林斯角 121
Comfortless Cove 絕望灣 29
Complex Point 複合角 89
Conachair 寇納卡爾 27
Cook Island 庫克島 43
Cook, James 詹姆斯·庫克 38, 42, 78
Cook Point 庫克角 89
Coral Bay 珊瑚灣 101
Cordón Escarpado 峻峭帶 67
Cormorant Point 科莫蘭特角 71
Cossack Rock 哥薩克岩 89
Costa Rica 哥斯大黎加 112
Courrejolles 庫若究爾角 89
Cova de Mar 鹹水灣 31
Crater Bay 火山口灣 83
Cratère Antonnelli 安東奈伊火山口 55
Cratère de'Olympe 奧林匹斯火山口 55
Cratère Herbert 赫柏特火山口 55
Cratère Supérieur 上級火山口 55
Cratère Vénus 維納斯火山口 15, 55
Crawford Point 克羅福角 41
Crète de la Novara 諾瓦拉山脊 47
Cricket Valley 蟋蟀谷 29
Crimson Hill 赤丘 121
Cross Hill 十字丘 28, 29, 121
Crozier, Francis 弗朗西斯·克羅齊爾 122
Crusoe, Robinsón 魯賓遜·克魯索 14, 66
Crystal Bay 水晶灣 29
da Cunha, Tristão 垂斯坦·達昆哈 40
Cust Point 卡斯特角 53
Cuthbertson Snowfield 卡斯伯森雪地 119

D

Dalnoi Point 達爾諾角 107
Danger Island 危險島 80
Dark Slope Crater 晦暗坡火山口 29
Darwin, Charles 查爾斯·達爾文 48, 92
Davis Bay 戴維斯灣 71
Davis, Edward 艾德華·戴維斯 92, 112
Davis Point 戴維斯角 89
Deadman's Bay 纜樁灣 41
Deadwood Plain 戴德伍德平原 35
Deans Point 狄恩斯角 57
Deception Island 欺騙島 120, 124

Deep Gulch 深峽谷 41

Deep Valley Bay 深谷灣 35

Denham Bay 登罕灣 101

Dent Island 典特島 89

Depressions 凹地 83

Devil's Cauldron 魔鬼大汽鍋 29

Devil's Riding School 魔鬼訓騎所 29

Diego Garcia 地牙哥加西亞島 13, 52

van Diemen, Anthonie 安東尼·范迪門 54

Direction Island 方向島 49

Disappointment Islands 失望群島 15, 62

Donkey Plain 驢平原 35

Double Point 雙角 71

Douglas Bay 道格拉斯灣 71

Douglas Strait 道格拉斯海峽 43

Down Rope 垂索 95

Drumsite 鼓站 57

Dry Gut Bay 乾腸灣 35

Dùn 堡嶼 27

Duncombe Bay 鄧克姆灣 79

Dyo Dyo 迪奧迪奧 33

E

Earhart, Amelia 愛蜜莉亞·厄爾哈特 68

Earhart Light 厄爾哈特烽火台 69

East Cape 東角 89

East Island 東島 53

East Jew's Point 東猶太角 41

East Point 東角 53

Echo 回音 73

Eclipse Bay 蝕灣 53

Eclipse Point 蝕角 53

Ecuador 厄瓜多 84

Edinburgh of the Seven Seas 七海愛丁堡 15, 41

Egeria Point 艾格莉亞角 57

Egeria Rock 易蓋利亞岩 101

Egg Island 卵島 35

de Elcano, Juan Sebastián 胡安·塞巴斯蒂昂·德埃爾卡諾 54

Eld, Henry 亨利·厄爾德 70

El Dorado 埃爾多拉多 7

Ellasjøen 艾拉夏湖 21

Empreneur 皇帝 73

Engelskelva 英吉利河 21

England 英國 82

English Bay 英吉利灣 29

Enseada da Cachoeira 瀑布灣 37

Enseada do Príncipe 儲君灣 37

Enseada dos Português 葡萄牙灣 37

Ensomheden 孤寂島 18

Entrance Point 入口角 121

Equatorial Guinea 赤道幾內亞 32

Erebus Point 幽冥角 89

Esmarchkysten 埃斯馬爾基海岸 39

Evaodden 伊娃角 125

Evjebukta 艾耶灣 21

Ewer Pass 艾維爾埡口 119

F

Faea 法亞 109

Fajã d'Água 水砭甲 31

Falaise d'Entrecasteaux 東特卡斯托峭壁 55

Falkland Islands 福克蘭群島 118

Fangataufa 方加陶法環礁 13, 72

Farefatu 法瑞法突 115

Fatapu Point 法塔普角 109

Fausse Pointe 假角 55

Fenner Creek 芬納溪 97

Fenner Lake 芬納湖 97

Ferguson Bay 福格森灣 43

Ferguson Hill 福格森丘 57

First Bluffs 首崖 107

First Lagoon Gulch 第一潟湖峽谷 41

Firth, Raymond 雷蒙·弗斯 108

Fitchie Bay 菲齊灣 119

Flagstaff 旗杆 35

Flagstaff Bay 旗杆灣 35

Flat Rock 平岩 35

Floreana 弗羅里亞納島 10, 12, 13, 84

Flying Fish Cove 飛魚灣 57

Fogo 火島 30

Fono vai Korokoro Point 佛諾外科洛科洛角 109

Fontainhas 丰騰殷納斯 31

Fox 獵狐 73

Framnæsodden 弗洛邁斯角 125

Franklin Island 富蘭克林島 122

Franklin, Sir John 約翰·富蘭克林爵士 122

Frankreich 法國 46, 50, 54, 58, 98

Fraser Point 弗雷則角 119

Frégate 巡防艦 73

Frisbie, Robert Dean 羅伯特·狄恩·弗瑞斯比 10, 80

Fuglefjellet 鳥山 21

Fuji 富士山 74

Fumarole Bay 噴氣孔灣 121

Furna 洞穴 31

G

Gabriel de Castilla Station 加布列爾德卡斯帝亞站 121

da Gama, Vasco 瓦斯科·達伽馬 36

Gannet Bay 憨鰹鳥灣 29
Garden Cove 高登灣 107
Gaspar Rico 嘉斯帕里科 76
George Island 喬治島 35
Georgetown 喬治鎮 29
Gill Point 鰓角 35
Gipsy's Gulch 吉普賽峽谷 41
Gissler, August 奧古斯特‧葛斯勒 14, 112
Glass, William 威廉‧葛拉斯 10, 40
Glawnyj 葛拉夫尼 75
Glen Bay 村灣 27
Glencot 葛蘭寇特 35
Gob an Dùin 堡嶼喙 27
Goddard Hill 戈達德丘 121
Gomez Island 高梅茲島 89
Gora Osobaja 阿索拜亞山 75
Gora Parasit 帕拉希特山 75
Grand Récif 大暗礁 99
Graptolite Island 葛拉普托利特島 119
Gravodden 葛拉夫登 21
Great Hollow 大坑 35
Great Stone Top 大石頂 35
Green Gorge 綠峽谷 71
Green Hill 綠丘 41
Green Mountain 綠山 29
Greta Beach 葛瑞塔海灘 57
de Grijalva, Hernando 埃爾南多‧德格里哈爾瓦 102
Greenland 格陵蘭 9
Guam 關島 104

H

Halfmoon Bay 半月灣 71
Half Tree Hollow 半樹坑 35
Halfway Beach 中途灘 41
Hambergfjellet 漢貝格山 21
Handspike Point 絞盤棒角 71
Hanga Piko 漢加皮寇 93
Hanga Roa 漢加洛 93
Hanitch Hill 漢尼瞿丘 57
Hasselborough Bay 哈塞爾堡灣 71
Hasselborough, Frederick 弗瑞德里克‧哈塞爾堡 70, 88
Haussvatnet 鼓湖 21
Hawaii 夏威夷 62
van Heemskerk, Jacob 雅各布‧范赫姆斯科克 20
Hélène 海蓮娜 73
Helsinki 赫爾辛基 7
Herald Islets 赫拉德群嶼 101
Herd Point 赫德角 43
Herwighamna 赫維格港 21
Hewison Point 修森角 43

Hickshall Point 希克斯館角 35
High Bluffs 高崖 107
High Hill 高丘 35
High Peak 高頂 35
Himalaja 喜馬拉雅山 8
Hiort 希爾特 26
Hiraiwa-wan 平岩灣 105
Hira Rock 臼齒島 111
Hiri Bay 希里灣 65
Hirta 希爾塔島 26, 27
Home Bay 主灣 87
Home Island 主島 49
Hooker Stream 胡克溪 89
Hook Keys 虎克基斯 89
Hornvika 號角灣 21
Horsburgh Island 霍斯堡島 49
Horse Pasture 牧馬原 35
Horse Pasture Point 牧馬原角 35
Horse Point 馬角 35
Horse Ridge 馬嶺 35
Hottentot Gulch 荷田托峽谷 41
Hottentot Point 荷田托角 41
Howland Island 豪蘭島 68
Hummock Point 圓丘角 29
Hurd Point 赫爾德角 71
Hutchinson Bluff 哈欽森斷崖 101
Hutuiti 胡圖伊提 93

I

Île Amsterdam 阿姆斯特丹島 54
Île de France 法蘭西島 58
Île de la Passion 熱情島 98
Île de la Possession 擁有島 50
Île de la Prise de Possession 佔據島 50
Île des Sables 沙島 58
Île Saint-Paul 聖保羅島 12, 46
Îles Australes 南方群島 64
Îles éparses de l'océan Indien 法屬印度洋諸島 58
Ilha da Rachada 拉夏德島 37
Ilhéu da Areia 沙嶼 31
Ilhéu de Cima 希瑪島 31
Ilhéu Grande 大島 31
Ilhéus do Rombo 宏布群島 31
Iwo Jima 硫磺島 104
Isla Alejandro Selkirk 亞歷山大塞爾科克島 14
Isla Anublada 多雲島 102
Isla Caldwell 科德威島 85
Isla Cónico 錐島 113
Isla da Pascua 復活節島 92
Isla Decepción 欺騙島 120

Isla del Coco 科科島 112

Isla Juan Bautista 胡安包蒂斯塔島 113

Isla Manuelita 曼努利塔島 113

Isla Más Afuera 較外圍島 14

Isla Más a Tierra 較接近大陸的島 14, 66

Isla Muela 臼齒島 113

Isla Santa Clara 聖克拉拉島 67

Isla Santo Tomás 聖托馬斯島 102

Islas Dos Amigos 雙友島 113

Islas Galápagos 加拉巴哥群島 84

Isla Tortuga 龜島 33

Isle de Jeanette Marie 喬內特瑪麗島 89

Isle Penantipode 鄰近對蹠點之島 82

Islote Campeón 冠軍嶼 85

Islote El Verdugo 劊子手小島 67

Islote Enderby 恩德爾畢嶼 85

Islote Juanango 璜南勾嶼 67

Islote Vinilla 維尼亞嶼 67

Isolte Tautara 陶塔拉嶼 93

Iwojima 硫磺島 104

J

Jacks Hill 傑克丘 57

Jacquemart Island 賈克曼島 89

Jacquemart, Jacques-Marie 傑克－馬里·賈克曼 88

Jamestown 詹姆士鎮 35

Japan 日本 104

Jessie Bay 傑西灣 119

Johannesen, Edvard Holm 艾德華·何姆·約翰尼森 18

John D. Point 約翰角 57

Jones Point 瓊斯角 57

Judith Tephra 朱迪思火山渣 101

K

Kamwome 康沃梅島 77

Kangoku-iwa 監獄岩 105

Kapeiatu 卡培亞突 115

Kapp Ågot 愛葛特角 21

Kapp Circoncision 希爾孔希匈角 39

Kapp Dunér 杜內角 21

Kapp Elisabeth 伊麗莎白角 21

Kapp Fie 菲亞角 39

Kapp Forsberg 佛斯貝格角 21

Kapp Hanna 漢娜角 21

Kapp Harry 哈利角 21

Kapp Ingrid 英格麗角 125

Kapp Kåre 凱瑞角 21

Kapp Kolthoff 科特霍夫角 21

Kapp Levin 雷文角 21

Kapp Lollo 羅洛角 39

Kapp Malmgren 曼爾葛仁角 21

Kapp Maria 瑪莉亞角 21

Kapp Meteor 流星角 39

Kapp Nilsson 尼爾森角 21

Kapp Norvegia 諾爾維吉亞角 39

Kapp Olsen 歐爾森角 21

Kapp Posadowki 波薩多基角 21

Kapp Ruth 露絲角 21

Kapp Valdivia 瓦爾迪維亞角 39

Kara Sea 喀拉海 18

Karena Maihiva 卡瑞納麥西瓦 63

Karuteke 卡魯特克 115

Kavake 卡瓦克 63

Kendal Terrace 肯德爾台地 121

Kermadec Islands 克馬德群島 100

Kilo 千克 73

Kingston 京斯頓 79

Kiribati 吉里巴斯 86

Kirk Stream 科克溪 89

Kitano-hana 北野角 105

Kiwibukta 奇威灣 125

Klapa Tuju 克拉帕徒朱 49

Kobbebukta 海豹灣 21

Koko 科科 63

Kolbukta 上校灣 21

Kronprinz-Rudolph-Land 魯道夫儲君地 22

Kurile Lake 庫頁湖 74

Kurima 庫立瑪 63

Kutake Yashi 庫塔克亞敘 111

Kvalrossbukta 海象灣 21

Kvalvika 寇爾維卡 125

L

Labourage et Pâturage 耕作與放牧峰 51

Lac Cratère 火山口湖 47

Lac Perdu 迷失湖 51

Lady Hill 仕女丘 29

Lae 萊城 68

de La Fargue, Jean 讓·德拉法哥 58

de la Feuillée, Briand 布里昂·德拉佛葉列 58

Lago a Pot 釜湖 33

Lagoon 潟湖 23, 115

La Grande Coulée 大乾谷 51

La Grande Marmite 大釜山 55

Laguna Sewernaja 北潟湖 19

Lake Te Roto 特羅托湖 109

Laksvatnet 鮭湖 21

Langdon Point 朗東角 71

La Quille 錐嶼 47

Lars Christensentoppen 拉爾斯克里斯藤森峰 125

Larsøya 拉薩亞嶼 39

La Tour Blanche 白朗塔 51

L'Au-delà 彼岸 51

Lauría 勞里島 118

Laurie Island 勞里島 118

Lava Point 熔岩角 101

Låvebrua Island 穀場橋島 121

Lednik Middendorfa 彌登多爾夫冰河 23

Leeward Island 背風島 83

Leeward Islands 背風群島 30

Lemon Valley Bay 檸檬谷地灣 35

Lerner, Theodor 泰奧多爾‧雷納 20

Les Aiguilles 針嶺 51

Les Deux Rouquines 兩紅髮女郎 51

Les Grandes Ravines 大沖溝 55

Liblin, Marc 馬克‧利布朗 64

Lilian Point 莉莉恩角 87

Lindbergh, Charles 查爾斯‧林白 68

Lindsay Island 林夕島 38

Liverpool Island 利物浦 38

Longbluff 長崖 41

Long Ledge 長岩架 35

Long Range 長山脈 35

Longwood 朗伍德 35

Lorenz, Rudolf 魯道夫‧羅倫茲 84

Los Angeles 洛杉磯 7, 68

Lot's Wife 命運之妻 35

Lotuma 絡突瑪 115

Low Point 低角 57

Lusitania Bay 盧西塔尼亞灣 71

Lykketoppen 好運峰 39

Lyon Point 里昂角 41

M

Mábana 瑪班納 33

Mabel Island 梅伯爾島 119

Macaroni Point 馬可羅尼角 121

MacAskill Island 麥克斯基爾島 90

Macdougal Bay 麥克杜格爾灣 119

Mackenzie Peninsula 麥肯齊半島 119

Maconochie, Alexander 亞歷山大‧麥肯諾奇 78

Macquarie Island 麥夸利島 11, 70

Magellan, Ferdinand 斐迪南‧麥哲倫 15, 62

Major Lake 大湖 71

Måkeholmen 鷗嶼 21

Make, Meretuini 嫩樂圖妮‧瑪克 64

Malpassée 難越河 51

Mamama 麻瑪麻 31

Manati Bay 馬納蒂灣 35

Manga Manga 曼戈曼戈 63

Maomao Point 馬歐馬歐角 65

Mare Pacifico 太平洋 62

Margaret Beaches 瑪格利特海灘 57

Mariana Islands 馬里亞納群島 110

Mariana Trench 馬里亞納海溝 8, 110

Marianne Point 瑪莉安娜角 53

Marion du Fresne, Marc-Joseph 馬克－約瑟夫‧馬里昂‧杜弗雷納 50

Mars Bay 馬爾斯灣 29

Marseille 馬賽 88

Marshall Islands 馬紹爾群島 76

Martin Point 馬丁角 57

Mataakau Passage 瑪塔亞考水道 115

Matapu Point 瑪他普角 65

Matauea 瑪淘艾阿 81

Matautu 馬陶突 109

Matau Tu 瑪淘突 81

Mataveri 馬塔維里 93

Matiriteata 瑪提里泰亞塔 115

Mato Grande 大馬托 31

Maturi 瑪突里 115

Maui 茂伊島 76

Maunga Orito 歐里托山 93

Maunga O Tu'u 歐圖兀山 93

Maunga Puakatike 普阿卡提克山 93

Maunga Terevaka 泰勒瓦卡山 93

Mauritius 模里西斯 52

Mawson Point 墨森角 71

Maynard Hill 麥納德丘 107

McArthur Point 麥克阿瑟角 29

McDonald Point 麥當勞角 89

McKenzie, Daniel 丹尼爾‧麥克肯基 68

McPherson Point 麥克斐爾森角 57

Medwin Point 麥德溫角 57

Melville Highlands 梅爾維爾高地 119

de Mendaña, Álvaro 阿爾瓦羅‧德蒙丹亞德內拉 80

Menhir 巨石 89

Methuen Cove 梅休因灣 119

Mexico 墨西哥 98, 102

Meyer Islands 邁爾群島 101

Michajlovnodden 米沙伊洛夫角 125

Middlegate 密多蓋特 79

Micronesia 米克羅尼西亞 90

Middle Island 中間島 53

Midtryggen 中嶺 125

Milne Islets 米爾恩群嶼 101

Mirinuku 米侖努庫 63

Miseryfjellet 苦難山 21

Moby Dick 莫比狄克河 51

Monowai Island 莫諾懷島 89

Mont Branca 布蘭卡山 51
Mont de la Dives 狄夫山 55
Mont de l'Alouette 雲雀山 51
Mont des Cratères 火山口群聚山 51
Mont du Mischief 米斯其弗山 51
Monte da Ponta Verde 維德角山 31
Monte Gratao 葛拉泰歐山 31
Mont Fernand 費爾南山 55
Monts Jules Verne 儒勒凡爾納山脈 51
Monument Harbour 紀念港 89
Moore, Thomas 湯姆斯·摩爾 38
Moorman, Scott 史考特·穆爾曼 76
Morgenstiernekysten 摩根史提爾納海岸 39
Morrell Island 莫瑞爾島 43
Morrell Point 莫瑞爾角 43
Morro Largo 大崖頂 31
Mortlock Islands 摩特拉克群島 114
Mortlock, James 詹姆士·摩特拉克 114
Moruroa 穆魯羅亞環礁 72
Mosbytoppen 莫斯比峰 39
Moto-Yama 摩托山 105
Motu Ko 寇嶼 81
Motu Kotawa 軍艦鳥嶼 81
Motu Marotiri 馬羅提里礁嶼 93
Motu Nui 大礁嶼 93
Moumoukai 幕姆凱 101
Mount Actæon 阿克泰勇山 35
Mount Ainsworth 安斯渥爾斯山 71
Mount Azimuth 方位山 89
Mount Bates 貝茨山 79
Mount Blake 柏雷克山 71
Mount Cerberus 刻耳柏洛斯山 97
Mount Dumas 仲馬山 89
Mount Eitel 艾特爾山 71
Mount Elder 艾爾德山 71
Mount Faye 費宜山 89
Mount Fletcher 弗萊徹山 71
Mount Galloway 珈羅韋山 83
Mount Hamilton 漢彌爾頓山 71
Mount Harmer 哈默山 43
Mount Honey 杭尼山 89
Mount Ifould 艾放德山 71
Mount Kirkwood 柯克伍德山 121
Mount Larsen 拉爾森山 43
Mount Law 羅山 71
Mount Lyall 萊爾山 89
Mount Maru 馬魯山 111
Mount Motu 摩突山 65
Mount Olav 歐拉夫山 41
Mount Pagan 帕干山 111

Mount Paris 巴黎山 89
Mount Perahu 培拉胡山 65
Mount Pitt 皮特山 79
Mount Pond 龐德山 121
Mount Power 包爾山 71
Mount Pukumaru 普庫瑪魯山 65
Mount Pukunia 普庫尼亞山 65
Mount Ramsay 藍樹山 119
Mount Susini 蘇希尼山 119
Mount Togari 托戈里山 111
Mount Vairu 瓦伊魯山 65
Mount Waite 維特山 71
Mount Waterhouse 華特豪斯山 83
Mullach an Eilein 島峰 27
Mullach Bi 柱峰 27
Murray Hill 莫瑞丘 57
Murray Islands 莫瑞群島 119
Musgrave Island 瑪斯葛瑞夫島 90
Musgrave, Thomas 湯姆斯·瑪斯葛瑞夫 90
Mynors, William 威廉·麥諾斯 56
Mys Auk 奧克角 23
Mys Borodawka 波羅達夫卡角 75
Mys Brorok 渤洛洛克角 23
Mys Chitryj 奇特耶角 75
Mys Dewjatka 德夫亞卡角 75
Mys Fligeli 弗里格里角 22, 23
Mys Gabermana 哈伯曼角 23
Mys Germanija 日爾曼角 23
Mys Kudrjawzewa 庫德耶夫夫茨瓦角 75
Mys Lawa 岩漿角 75
Mys Pletscho 勃萊茨科角 75
Mys Podgornyj 包德果尼角 75
Mys Pologij 包羅吉角 75
Mys Prawyj 普拉維角 75
Mys Rownyj 羅尼角 75
Mys Schrjottera 施瑞德角 23
Mys Serdityj 瑟爾迪帖角 75
Mys Siandriom 西亞德里雍角 75
Mys Stolbowoj 主岬 23
Mys Uelmana 烏爾曼角 23

N

Nahiku 納西庫 76
Nairobi 奈洛比 7
Napier Island 納皮爾島 101
Napuka 納普卡島 62
Nash Point 納須角 101
Naughton, John 約翰·諾頓 76
Nepean Island 尼皮恩島 79
Neptunes Bellows 海神風箱 121

Neptunes Window 海神窗口 121

Neu Sandefjord 新桑德爾福德 120

New Rock 新岩 121

New York 紐約 112

New Zealand 紐西蘭 82, 88, 100

Ngake 東村 63, 81

Noisy Beach 嘈雜灘 41

Noonan, Fred 弗瑞德・努南 68

Nordhamna 北港 21

Nordkapp 北角 21

Norfolk Island 諾福克島 12, 78, 94

Norfuk Ailen 諾福克島 78

Norris, George 喬治・諾里斯 38

Norris Point 諾里斯角 57

North Cape 北角 83, 89

North East Bay 東北灣 29

Northeast Harbour 東北港 89

Northeast Point 東北角 97

Northeast Stream 東北溪 89

Northern Kuril Islands 北千島群島 74

Northern Plateau 北高原 57

North Head 北角 71, 97

North Island 北島 77

North Plains 北原 83

North Point 北角 29

Northwest Bay 西北灣 89

Northwest Point 西北角 57

Norvegiabukta 挪威吉亞灣 125

Norway 挪威 14, 20, 38

Nouvelle Amsterdam 新阿姆斯特丹 54

da Nova, João 朱昂・達諾瓦 28, 34

N. S. do Monte 聖母山 31

Nugent Island 紐金特島 101

Nuggets Point 納古茲角 71

Nukerekia 努克雷基亞 115

Nukuaafare 努庫亞阿法雷 115

Nukutere Point 努庫泰勒角 65

Nukutoa 努庫拓亞 115

Nukutuurua 努庫突烏魯亞 115

Nuku Wetau 努庫維陶 81

O

O'ahu 歐胡島 11

Obelisco 方尖碑山 37

Observatory Point 觀察角 53

Ocean Island 大洋島 86

Ochotskij 鄂霍次克 75

Okhotskoye More 鄂霍次克海 74

Oh Dear 噢親愛的 95

O Homo 歐侯摩 63

Oire 奧瑞 63

Olavtoppen 奧拉夫峰 39

Old Joan Point 老瓊角 35

Olstad, Ola 奧拉・奧爾斯塔德 124

Onamu 歐那姆 63

Ongare 翁戈瑞 63

Onimo 歐尼墨 63

Ooma 奧馬 87

Oparo Island 歐帕若島 64

Orde Lees Islet 奧德里斯島 83

Orient Bay 東方灣 53

Osero Medweschje 熊湖 19

Ostrow Atlassowa 阿賴度島 74

Ostrowa Oktjabrjata 初級生島 23

Ostrow Gogenloe 霍亨洛赫島 23

Ostrow Petra I 彼得一世島 11, 14, 124

Ostrow Rudolfa 魯道夫島 22

Ostrow Ujedinenija 孤寂島 18

Owraschnyj 奧瓦許內 75

Ozernaia 奧澤奈幽河 74

P

Pagalu 大公雞 32

Pagan 帕干島 110

Palmer, Nathaniel 納撒尼爾・帕爾默 118, 120

Papua New Guinea 巴布亞紐幾內亞 114

Parcel das Tartarugas 龜群 37

Passe Balisée 標記通道 73

Pavillon 園亭 73

von Payer, Julius 尤里兀斯・馮派爾 22

Payne Point 佩恩角 29

Pedra Oneal 佩德拉奧尼亞爾 103

Pelelap 平格拉普島 90

Pendulum Cove 鐘擺灣 121

Penfold Point 彭福爾德角 121

Penguin Bay 企鵝灣 89

Penguin Point 企鵝角 89

Perpendicular Head 垂直海角 83

Perret Ridge 裴瑞特山脈 97

Petasi 培塔希 115

Peter I Øy 彼得一世島 124

Petrel Point 海燕角 97

Philip Island 菲力浦島 79

Philippson, Robert 羅伯特・菲利普森 84

Phoenix Islands 鳳凰群島 68

Phosphate Hill 磷酸鹽山 57

Pic du Mascarin 瑪斯卡弘峰 51

Pico Branco 白峰 37

Pico Desejado 祝願峰 37

Pico do Fogo 火峰 33

Pico Quioveo 吉奧維歐峰 33

Pigafetta, Antonio 安東尼奧‧皮戈菲塔 62

Pik Bonowoj 包諾威峰 75

Pik Glawnyj 葛拉夫尼峰 75

Pillar Bay 柱灣 29

Pingelap 平格拉普島 90, 91

Pingerappu To 平格拉普島 90

Pingouin 企鵝 73

Pirie Peninsula 皮里半島 119

Pitcairn Island 皮特肯島 12, 94

Pitcairn, Robert 羅伯特‧皮特肯 94

Pitkern Ailen 皮特肯島 94

Plateau des Petrels 培特耶勒高原 51

Plateau des Tourbières 沼澤高原 55

Plateau Jeannel 喬內爾高原 51

Pochnoi Point 波克諾伊角 97

Poike 波伊克 93

Point Blackbourne 伯萊克本恩角 79

Point Christian 克里斯辰角 95

Pointe Basse 低角 51

Pointe de la Novara 諾瓦拉角 55

Pointe de la Recherche 搜索角 55

Pointe del Cano 卡諾角 55

Pointe de l'Eboulement 山崩角 55

Pointe des Moines 修道士角 51

Pointe du Bougainville 布干維爾角 51

Pointe Goodenough 古德納夫角 55

Pointe Hutchison 哈策森角 47

Pointe Lieutard 琉達角 51

Pointe Max Douguet 馬克思杜蓋角 51

Pointe Oueste 探索角 47

Pointe Schmith 史密斯角 47

Pointe Sombre 陰暗角 51

Pointe Sud 南角 47

Pointe Vlaming 佛蘭芒角 55

Point Howe 豪角 79

Point Hunter 獵人角 79

Point Lola 洛拉角 119

Point Martin 馬丁角 119

Point Moreno 莫雷諾角 119

Point Rae 雷伊角 119

Point Ross 羅絲角 79

Point Vincent 文森角 79

Pokak 坡卡克島 77

Poluostrow Wladimira 弗拉狄米爾半島 75

la Polynésie française 法屬玻里尼西亞 62, 64, 72

Ponta Crista de Galo 克里斯塔德加洛角 36, 37

Ponta da Costa 寇斯達角 31

Ponta da Norte 北角 37

Ponta da Vaca 牛角 31

Ponta de Morea 摩瑞亞角 31

Ponta de Pedra 培德拉角 37

Ponta de Rei Fernando 斐迪南國王角 31

Ponta do Alto 高角 31

Ponta do Incenso 香角 31

Ponta do Monumento 紀念角 37

Ponta dos Cinco Farilhões 辛戈法里壅角 37

Ponta do Tambouro 坦伯魯角 31

Ponta do Valado 瓦拉多角 37

Ponta Façanha 法桑納角 31

Ponta Minhoto 敏奧圖角 31

Ponta Nhõ Martinho 諾馬丁侯角 31

Poor Saan 普爾沙恩 57

Porpoise Point 鼠海豚角 29

Port Alfred 阿爾弗雷德港 89

Port Foster 福斯特港 121

Port Jackson 傑克遜港 82

Portland Point 波特蘭角 29

Port Louis 路易港 52

Porto da Furna 洞穴港 31

Porto de Ançião 長輩港 31

Porto de Fajã 砝甲港 31

Porto de Tantum 坦屯港 31

Porto do Sorno 索諾港 31

Port Refuge 避難港 49

Possession Island 波瑟欣島 15, 50

Possession Point 波瑟欣角 49

Powell Bay 鮑威爾灣 35

Powell, George 喬治‧鮑威爾 118

Perseverance Harbour 毅力港 89

Pribilof Islands 普利洛夫群島 106

Pribylow, Gawriil 加布里埃爾‧普利比洛夫 106

Prison Island 監獄島 49

Proliw Nejmajera 諾邁爾海峽 23

Prospect 展望 101

Prosperous Bay 繁榮灣 35

Prosperous Bay Plain 繁榮灣平原 35

Puerto Francés 法蘭西港 67

Puerto Inglés 英吉利港 67

Puerto Velasco Ibarra 微拉斯科伊巴拉港 85

Pukapuka 普卡普卡島 10, 80, 81

Pukaroa 普卡若亞 62

Pukekohu 普克科胡 101

Pulo Ampang 安龐島 49

Pulo Atas 南島 49

Pulo Blan 布蘭島 49

Pulo Blan Madar 布蘭馬達爾島 49

Pulo Blukok 布魯科克島 49

Pulo Bras 監獄島 49

Pulo Cheplok 雀普洛克島 49

Pulo Jambatan 姜巴坦島 49
Pulo Kambang 康邦島 49
Pulo Kambing 康并島 49
Pulo Labu 拉布島 49
Pulo Luar 霍斯堡島 49
Pulo Maria 瑪莉亞島 49
Pulo Pandang 潘當島 49
Pulo Panjang 西島 49
Pulo Siput 西普特島 49
Pulo Tikus 方向島 49
Pulo Wa-idas 伉伊達斯島 49
Punta Ayora 艾佑拉角 85
Punta Baja 巴哈角 93
Punta Cook 庫克角 93
Punta Cormorant 科莫蘭特角 85
Punta Cuidado 魁大多角 93
Punta Freddy 弗雷迪角 67
Punta Gissler 葛斯勒角 113
Punta Hueso Ballena 鯨骨角 93
Punta Isla 島角 93
Punta Kikiri Roa 積積里羅阿角 93
Punta Lemos 萊蒙斯角 93
Punta Manjob 曼侯玻角 33
Punta María 瑪莉亞角 113
Punta Meredaxia 梅瑞達克西亞角 93
Punta Norte 北角 67
Punta O'Higgins 奧希金斯角 67
Punta Olonganchi 歐隆甘吉角 33
Punta Pescadores 漁夫角 67
Punta Redonda 雷東達角 93
Punta Rosalia 羅薩莉雅角 93
Punta Salinas 沙利納斯角 67
Punta San Carlos 聖卡洛斯角 67
Punta San Juan 聖胡安角 93
Punta Sur 南角 85
Punta Suroeste 西南角 67
Punta Tosca 托斯卡角 103
Punta Truneos 突內歐斯角 67
Punta Tunquillax 同基亞斯角 67
Punta Turrialba 圖里亞爾巴角 113
Puppy's Point 小狗海角 79
Pyramiden 金字塔山 125
Pyramid Point 金字塔角 29

Q
Queen Mary's Peak 瑪莉女王峰 41
de Quirós, Pedro Fernández 佩德羅·費爾南德斯·德奎羅斯 108

R
Rada Benepu 本內普錨地 93
Radiosletta 無線平原 125
Ragged Top 碎頂峰 97
Rakionamo Point 拉基歐納墨角 109
Rambler Bay 漫步灣 53
Ramirez de la Diaz, Diego 迪亞哥·拉米雷斯·德拉迪亞茲 32
Ramp Point 舷梯角 89
Ramsay, Allan George 艾倫·喬治·藍榭 118
Randtoppen 蘭德峰 39
Rangihoa 朗吉浩 63
Ranvik 朗維克 125
Raoul Island 勞爾島 100
Rapa 拉帕 64
Rapa Iti 小拉帕 64
Rapa Nui 大拉帕 10, 92
Rasmussen, Marie Betsy 瑪莉亞·貝琪·拉斯穆森 120
Ratak Chain 拉塔克礁鏈 76
Ratea 拉泰亞 109
Rat Islands 老鼠群島 96
Raudvika 紅灣 125
Ravenga 拉文佳 109
Reani 雷亞尼 109
Red Hill 紅丘 41
Reef Point 礁角 43, 83
Resolution Point 決心角 43
Revillagigedo Islands 雷維希赫群島 102
Rhoda Beaches 羅德海灘 57
Ringdove Bay 環頸鳩灣 83
Río Genio 怒河 113
Ritter, Friedrich 弗雷德里克·李特 10, 84
Robert Rock 羅伯特岩 35
Robinsón Crusoe 魯賓遜克魯索島 14, 66
Roca Sucia 污岩 113
Roche Percée 穿孔礁 51
Rocher 孤殘層 99
Rochers de la Fortune 福群孤殘層 51
Rocky Bay 岩灣 89
Rocky Point 岩角 57, 79
Roggeveen, Jakob 亞戈·羅格分 92
Ronald Hill 榮納德丘 121
Rookery Point 群棲角 41
Rosenthal, Joe 喬·羅森塔爾 104
Ross Hill 羅絲丘 57
Ross, James Clark 詹姆斯·克拉克·羅斯 38, 122
Ross Sea 羅斯海 122
Roto 中村 81
Rough Rock 粗岩 35
Round Hill 圓丘 29, 41

Route Point 路特角 119
Røyevatnet 紅點鮭湖 21
Rudolf-Insel 魯道夫島 11, 22
Runaway Beach 倫納威灘 41
Rupert's Hill 魯珀特丘 35
Rush Point 魯斯角 107
Russeelva 俄羅斯河 21
Russia 俄國 18, 22, 74
Rutschej Iogansena 約翰尼森河 19

S
Saando 薩安多 115
Saddle Point 鞍角 71
Salamander Point 沙拉曼德角 43
de Salazar, Alonso 阿隆索・德薩拉撒 76
Saliw Otwagi 奧妥業灣 75
Salknappen 馬鞍鈕 125
Solomon Islands 索羅門群島 108
Solomon Sea 所羅門海 68
San Antonio de Palé 聖安東尼奧德巴雷 33
Sandefjord 桑德爾福德 124
Sandefjordbukta 桑德爾福德灣 125
Sandell Bay 珊岱爾灣 71
Sandy Bay 沙灣 35, 71
Sandy Point 沙角 41
San Fernando Valley 聖佛南多谷 76
San Ignacio 聖伊格納休 110
San Juan Bautista 聖若翰洗者 67
Santa Bárbara 聖芭芭拉 31
Santa Cruz Islands 聖庫魯茲群島 108
Santa María 聖馬利亞 84
de Sanvítores, Diego Luis 迪亞哥・路易斯・德珊維托里斯 110
São Nicolau 聖尼古拉 30
São Tomé 聖多美 30
Sapertyj 薩培爾提 75
Sautafi 薩烏塔菲 109
Schmidt, Arno 阿爾諾・史密德 40
Schnabel, Johann Gottfried 約翰・高弗瑞德・史納貝爾 40
Scotia Bay 斯科細亞灣 119
Seal Bay 海豹灣 41
Sea Lion Point 海獅角 107
Selkirk, Alexander 亞歷山大・塞爾科克 14, 66
Sellick Bay 賽立克灣 71
Semisopochnoi 西米索波克諾伊島 96
Sewingmachine Needles 裁縫針 121
Shag Point 沙格角 89
Sheila Cove 雪拉灣 119
Shomushon 修穆雄 110

Sibylla 希比拉島 77
Silver City 銀城 57
Simonovbreen 希莫諾夫冰河 125
Simpson Point 辛浦森角 53
Sisters Peak 姊妹峰 29
Skuld 斯庫爾德 21
Slakhallet 莎寇雷特 39
Smith Bluff 史密斯斷崖 101
Smith Point 史密斯角 57
Smithson Bight 史密森灣 57
Smith, William 威廉・史密斯 120
Smoothwater Bay 史幕斯華特灣 89
Smyth Island 史密斯島 76
Soay 梭艾 27
Socorro 索科洛島 11, 12, 102
Sørbukta 南灣 125
Sørhamna 南港 21
Soucek Bay 紹西克灣 71
South Bay 南灣 83
South Cocos Islands 南科科斯群島 48
South East Bay 東南灣 29, 71
Southeast Harbour 東南港 89
South East Point 東南角 121
Southern Plateau 南高原 57
Southern Thule 南圖勒群島 42
South Gannet Hill 南憨鰹鳥丘 29
South Hill 南丘 107
South Island 南島 49
South Keeling Islands 南基林群島 48
South Orkney Islands 南奧克尼群島 118
South Point 南角 29, 57, 89, 111, 121
South Shetland Islands 南昔得蘭群島 120
South Tuman Point 南圖曼角 97
South West Bay 西南灣 29
South West Point 西南角 29, 71
Speery Island 史皮里島 35
Spitzbergen 斯匹茲卑爾根島 20
Spoon Crater 匙形火山口 29
Sprekkehallet 史普雷克哈雷特 125
Spur Reef 靴刺礁 53
Stac an Armin 武士岩嶼 27
Stack Bay 斯岱克灣 83
Stac Lee 灰岩嶼 27
Stac Levenish 雷文尼須岩嶼 27
Stac Soay 梭艾岩嶼 27
Stappen 斯塔彭 27
Steels Point 史提爾斯角 79
Steep Point 陡角 57
Stella Bay 史黛拉灣 83
Steller, Georg Wilhelm 格奧爾格・威爾海姆・斯特拉 106

Stevenson, Robert Louis 羅伯特·路易斯·史蒂文森 14
St. George 聖喬治 107
St. Helena 聖赫勒拿島 12, 34
St. Kilda 聖基爾達島 12, 26
Stonethrow Ridge 擲石嶺 121
Stone Top Bay 石頂灣 35
Stonybeach Bay 石灘灣 41
Stonyhill Point 石丘角 41
Storfallet 大落山 125
St Paul's Point 聖保羅角 95
Strauch, Dore 朵蕾·史特勞斯 84
Stubbings Point 史塔賓角 57
Styx 斯堤克斯河 50, 51
South Sandwich Islands 南三明治群島 42
Sugarloaf Head 塔糖角 97
Sugarloaf Knob 塔糖丘 97
Sugarloaf Peak 塔糖峰 97
Sugar Loaf Point 塔糖角 35
Sulphur Island 硫磺島 104
Sunday Island 星期日島 100
Suribachi-yama 摺鉢山 105
Survey Island 勘測島 89
Suskaralogh Point 蘇斯克拉赫角 107
Sydney Bay 雪梨灣 79
Sydney Point 雪梨角 87

T

Tabiang 塔比昂 87
Tabwewa 塔皮瓦 87
Tahiti 大溪地 11
Tait Point 泰特角 57
Takai 塔凱 91
Takuu 塔庫烏 114, 115
Tanjong Pugi 坦鍾普吉 49
Taongi Atoll 塔翁吉環礁 76
Tapui Island 塔普伊島 65
Tautuma 陶塔瑪 95
Tauturau Island 陶圖勞島 65
Tauu 塔烏烏 114
Te Alai Motumotu 璀璨珊瑚礁 81
Te Alo i Ko 寇嶼前礁 81
Te Aua Loa 長礁 81
Te Aua Oneone 沙礁 81
Te Ava o te Marika 瑪里卡水道 81
Telefon Bay 泰勒手灣 121
Telefon Ridge 泰勒手嶺 121
Telok Grongeng 格容更灣 49
Telok Jambu 姜布灣 49
Telok Kambing 康并灣 49
Telok Sebrang 賽布朗灣 49

Te Motu o te Mako 吟誦嶼 81
Te Pit o te Henua 世界軸心 10, 92
Tereufa Point 泰若法角 109
Terra australis 南方大陸 8, 42
The Barn 邦恩 35
The Bluff 懸崖 41
The Briars 荊棘地 35
The Hillpiece 丘地 41
The Peak 頂峰 29
The Ponds 湖群 41
Therme Nord 北溫泉 73
Therme Sud 南溫泉 73
The Settlement 屯地 57
Third Gulch 第三峽谷 41
Thompson's Bay 湯普森灣 35
Thomson Point 湯姆森角 119
Thule 圖勒 7, 42
Thule Island 圖勒島 43
Tikopia 提柯皮亞島 12, 108
Tilbrook Point 提爾布魯克角 43
Titika 提提卡 63
Tobiishi-hana 飛石角 105
Tofteaksal 托夫泰克薩爾 125
Togari Rock 托戈里岩 111
Toka 岩嶼 81
Tolstoi Point 托爾斯泰角 107
Toms Point 湯姆角 57
Tom's Ridge 湯姆嶺 57
Transholmen 坦斯嶼 125
Trindade 特林達德島 36
Trindade e Martim Vaz 特林達德和馬丁群島 36
Tripot Bay 特里波特灣 41
Tristan da Cunha 垂斯坦昆哈島 10, 15, 40
Tromelin 特羅姆林島 12, 58
Troon 特隆 118
Tuamotu Archipelago 土木土群島 15, 72
Tubuai Bay 突布艾灣 65
Tugulu 土谷魯 91
Tuman Head 圖曼岬 97
Tuman Point 圖曼角 97
Tunheim 圖海姆 21
Tupiti 圖皮提 63
Turk Reef 土耳其礁 49
Turk's Cap Valley 土耳其帽谷地 35
Turtle Bay 龜灣 101
Tussock Point 塔薩克角 71
Tvistein 雙石 125
Twitcher Rock 觀鳥岩 43
Two Boats Village 雙船村 29

U

Uchi 肋嶼 74
Ujong Pulo Dekat 德卡特尾嶼 49
Ujong Pulo Jau 佳兀尾嶼 49
Ujong Tanjong 坦鍾尾 49
Ulakaia Hill 烏拉卡拉丘 107
Unicorn Point 獨角獸海角 29
United Kingdom 英國 26, 28, 34, 40, 42, 52, 94
United States of America 美國 68, 96, 106, 110
Unyax 山地 96
Urd 烏爾德 21
Uruguay Cove 烏拉圭灣 119

V

Valette Island 瓦萊特島 119
Vallée des Branloires 玻弘洛赫谷 51
Vancouver, George 喬治·溫哥華 64
Van Diemen's Land 范迪門斯地 122
Verne, Jules 儒勒·凡爾納 50
Versant des Phylicas 菲莉卡山坡 55
Vestryggen 西嶺 125
Victoriaterrasse 維多利亞階地 39
Vila Nova Sintra 新辛特拉鎮 31
Village Bay 村灣 27
Vincent Point 文森角 57
Vogtkysten 翁格特海岸 39
Volcán Evermann 艾維爾曼火山 103
Volcano Islands 火山列島 104
Volcán Rano Kao 拉諾卡歐火山 93
Volcán Rano Raraku 拉諾拉拉庫火山 93

W

Wagner de Bousquet, Eloise 艾露伊絲·華格納—布斯凱 84
Washout Gulch 沖刷峽谷 41
Wasp Island 黃蜂島 89
Waterfall 瀑布 57
Waterfall Bay 瀑布灣 71
Waterhouse, Henry 亨利·華特豪斯 82
Western Harbour 西港 95
West Island 西島 49, 53
West Jew's Point 西猶太角 41
Weyprecht, Carl 卡爾·衛普瑞赫特 22
Whale Point 鯨角 29
Whalers Bay 捕鯨人之灣 121
White Bird Island 白鳥島 35
White Hill 白丘 29, 35
White Point 白角 35
Wideawa Fair 烏燕鷗宴 29
Wilhelmplatået 威廉高原 39

Wilkes, Charles 查爾斯·維爾克斯 11, 70
Wilson Point 威爾森角 101
Wilton Bay 威爾頓灣 119
Windsor Bay 溫莎灣 71
Windwards Islands 向風群島 83
Wodopad Jurjewa 幽爾業瓦瀑布 75
Wright Point 萊特角 57
Wulkan Alaid 阿賴度火山 75
Wytoohee 維托耶 62

Y

Yato 西村 81
York 約克郡 66
Young's Rocks 楊恩岩 95

Z

Zapadni Bay 札帕德尼灣 107
Zavodovskibreen 薩瓦多夫斯基冰河 125

感謝：

提姆・史朗（Tim A. Schramm）

柏里斯・史衛星恩（Borries Schwesinger）

諾恩彌・馮阿勒曼（Noemi von Alemann）

史黛凡妮・哈克（Stephanie Haack）

珊蒂・衛普斯（Sandy Weps）

本書採用1:125000比例繪製所有島嶼地圖

國家圖書館出版品預行編目(CIP)資料

寂寞島嶼 : 50座你從未也永遠不會踏上的島嶼 /
茱迪思.夏朗斯基(Judith Schalansky)著 ; 劉燕芬譯.
-- 二版. -- 臺北市 : 大塊文化, 2020.06
面 ;　公分. -- (tone ; 23)
譯自 : Atlas der abgelegenen Inseln
ISBN 978-986-5406-78-3(精裝)

1.世界地理 2.島嶼 3.地圖集

716　　　　109005651

魯道夫島
Rudolf Island

孤寂島
Ostrow Ujedinenija

阿頼度島
Ostrow Atlassowa

西米索波克諾伊島
Semisopochnoi

硫磺島
Iwo Jima

帕干島
Pagan

塔翁吉環礁
Taongi Atoll

平格拉普島
Pingelap

Howlar

巴納巴
Banab

塔庫烏環礁
Takuu

提柯皮
Tikop

地牙哥加西亞島
Diego Garcia

聖誕島
Christmas Island

南基林群島
South Keeling Islands

諾福克島
Norfolk Island

阿姆斯特丹島
Amsterdam Island

聖保羅島
Île Saint-Paul

對蹠
Antipodes Isla

坎貝爾島
Campbell Island

麥夸利島
Macquarie Island

富蘭克
Frankl